綠度母

最勇敢的女性菩薩

堪布慈囊仁波切◎著
張福成◎譯

目次

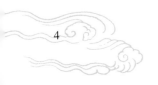

THE TWELFTH TAI SITUPA

序言

修行若要有成就，唯有透過學習和實修，才能獲得。

對佛法有興趣的人，必須學習佛陀的經典，以及研究和閱讀一些具清淨傳承的上師們的論著。因此之故，尊貴的堪布慈囊仁波切，以藏文著述了一本有關二十一度母四曼達修行儀軌，以及對於如何實修等，皆有很詳盡的解說；目前也已經翻譯成中、英文版。

本書是依據偉大的上師們所撰寫的儀軌來加以詳盡解說，將會對實修綠度母者有很大的幫助。

尊貴的　堪布慈囊仁波切是「八蚌寺智慧林高級佛學院」的院長，他是一位很好又令人尊敬的學者，也是一位很好的修行人及作者。

我誠摯地向二十一度母祈請，這本書能利益諸多有情眾生。

在此誠摯的祝禱。

八蚌寺智慧林　第十二世　廣定大司徒

THE TWELFTH TAI SITUPA

01.11.2010

FOREWORD

Knowledge and wisdom can only be established through study, contemplation and practices. For the individual who has the interest to know about Buddhism, they have to learn the literature of Lord Buddha's teaching and should also study and read books which are written by teachers who have the lineage of Buddha Dharma with unbroken Samaya with their teachers.

Venerable Khenpo Tsulnam Rinpoche is the main Khenpo of Palpung Lungrig Jampal Ling Higher Buddhist Institute and he is a well respected scholar, good practitioner and writer. He wrote a book with detailed explanations on the Twenty One Taras in Tibetan and now it is translated into English. The book is written based on the existing texts which are composed by great masters. This book will be very helpful to the practitioners of the Twenty One Taras.

I sincerely pray that this book will benefit all sentient beings through the blessing of the Twenty One Taras.

With Sincere Prayers

The Twelfth Kenting Tai Situpa

The Head of the Palpung Institution of the Vajrayana Buddhism

"PALPUNG SHERAB LING"
P.O. Upper Bhattu Via Baijnath-176125, District Kangra, Himachal Pradesh, India
Tel. :91-(0) 1894-263013, 262955, 262233, Fax : 91-(0) 1894-262234

【推薦序1】

近年來，世界各地氣候異常，災難頻仍，一場場天災地變，如大規模的洪水、乾旱、森林失火、地震、風災等等，造成死傷的眾生成千上萬，數百乃至數千萬的有情生離死別、流離失所、無食無衣、飢寒交迫，不僅無數眾生生命受到威脅，我們所生存依賴的環境也千瘡百孔、岌岌可危。

以佛法的角度來看，這一切原因，都是出自眾生的因果業報。印光大師曾說：「現在世界之劫運，吾人所受種種災難，皆是過去惡業所招，以致感受現在苦果。」也就是說，我們在過去或現世，可能自私自利，傷害眾生，浪費資源，破壞自然，所以得面臨惡果的成熟。現實情況既然如此，共同生活在這地球上的我們，是否有免於災難、橫禍、恐懼、死亡的方法呢？

有的，佛教提供許多法門，能消除一切厄逆災障。但是其中與我們最有緣、感應最迅速的修法，就是度母法門。修持度母法門，能消除一切魔障、業障、病苦等，並能消災、增福、延壽、廣開智慧，凡有所求，無不如願成就。

爲了使大眾對度母生起信心，將修持度母法門的世間利益整理、歸納如下：

一、消除災難橫禍：能保護你免於上述種種危險和恐懼。

二、解除病苦傷痛：即使是極嚴重的病症，能免於病苦，從疾病中康復。

三、免除怨敵傷害：去除他人種種有形無形不利於自己的傷害，或是避免爭訟。

四、保障生活物資：能獲得工作、事業成功，並帶來財富。

五、婚姻所求如意：想要嫁娶的未婚男女能找到適合對象。

六、家庭幸福美滿：祈請度母加持，可以度過婚姻、家庭的難關，難以生育的夫婦也能依願生育。

七、實現個人願望：解決人生困難，增長壽命，獲得今生安樂。

八、驅除魔障業障：例如除去一切修道上的障礙及煩惱毒。

九、累積無邊福德。

十、增長深廣智慧。

皈依度母、修持度母儀軌、或持誦度母咒，在世俗諦上除了能迅速積集善業功德、獲得平安吉祥的世間利益之外，在勝義諦上能斷除煩惱生死輪迴，成就菩提，獲得究竟安樂之果。

事實上，此法門有非常多殊勝的功德與利益，還不止以上所敘述的內容。觀世音菩薩在《大方廣曼殊室利經》提到修持度母法門功德利益只是舉出數例而已，聖者說：

我於俱胝劫　演說是多羅
理趣及密言　時節與方位
如是過去佛　亦皆廣宣說
如虛空無邊　無能限量者
我今於少分　隨事而演說
若人妙修行　勝願悉成就
十方與壽命　無不獲如意
若有諸眾生　現求人天果
受持是妙法　隨說而修習
無量俱胝劫　受上妙快樂

因爲有這麼多殊勝功德的緣故，我們可在日夜任何時間、任何地點憶念度母，唱誦贊偈並持眞言，生起對度母強烈的信心，如此一定會有所成就！

願一切眾生對度母生起渴仰、勝解、依止之心！

願一切有情免除苦難、生活吉祥、所求如意！

雖然度母法門不可思議，然而沒有解釋的讚文是難以理解的，而儀軌種類繁多又難以著手，這對於剛接觸度母法門的信眾可能會感到疑惑。所幸，慈囊仁波切在感應事蹟、曼陀羅儀軌、讚文，都有清楚、詳細的解說，這是非常難得且重要的事。仁波切撰文嚴謹，內容編輯也非常用心，此書完全考量到讀者的需求而撰述，是筆者少見「專業且貼心的佛學作家」。更重要的是行文之處有著仁波切充滿智慧的慈悲話語，慈心與悲心，正是成就者外在的顯露。

慈囊仁波切在世界各地忙於法務、接引眾生，由衷祝福慈囊仁波切的弘法事業順利，也祈願所有眾生，於心得自在，於法得自在！

台灣生命電視台　海濤法師

【推薦序2】

這幾年來透過衛星的傳送，世界各地所發生的災情，都可在電視新聞媒體清晰可見。災情一反常態，簡直不可思議，所有的科學家、地質學家、氣象學家、物理學家、動植物學家、生物學家等等都非常訝異與緊張，他們知道整個地球以及大氣層已經出現危機了。過去百年來從未發生過的現象，就在這兩年內，天天不斷的在全球各地發生。北極的冰河不斷融化斷裂，稀有動物因氣候改變無法適應而瀕臨滅絕死亡，全球氣溫不斷上升，海水的溫度一直升高，海域、河流的水位也不斷攀升，火山爆發帶來了大風沙，嚴重影響空氣品質，七級以上至八級的強裂地震在世界各地不斷發生，死傷無數。各地洪水氾濫，大雨連續不斷的沖刷，造成土石流的崩場，連人帶房舍、牲畜全部遭到掩埋或流失；日正當中的午時突然天黑；五月份下大雪、下冰雹，西藏和喜馬拉雅山長年冰雪之處卻已多處不下雪；高山上的雪不斷融化；有些國家一夜之間出現幾個奇異的大坑洞，深不見底，不知情的人因掉進坑洞而失蹤；農田噴出岩漿、群蛇出洞、萬蟻搬家、魚上路、山會走……簡直不敢相信這個與我們共存的土地、這個地球，眞的快要滅亡毀壞了嗎？許多疑問在每個人的心中盤旋，有人害怕，有人恐慌，有人擔心，有人質疑。修行人都知道，此娑婆世界本來就是成住壞空，我們生處在這無常變異的世界，所有一切的發生都與因果有關，並不是我們事先能預知或掌控的。

最近流傳一個熱門話題，相信大家都聽過馬雅預言，此預言說地球將於2012年爆炸淹沒。這件事已家喻戶曉、無人不知。

慈悲尊貴如父如母的上師　慈囊仁波切，看到了山川大地、日月星辰無預警的屢屢發生各種天災，他悲天憫人的胸懷，由內心深處生起同體大悲，他具足般若勝慧，了知天災頻傳的原因爲何，因此立即提筆撰寫此綠度母實修儀軌、四曼達的獻供、手印及觀修——二十一度母總集讚頌文，書中皆有詳盡的解說並教導如何修持，同時搭配圖片，一一介紹二十一度母不共之願力及其禮讚。書中亦有綠度母眞實救災的靈感神蹟故事與大家分享，可增進讀者對綠度母的認識，了解之後能具足信心，以利學習實修。此書內容完整無漏且正確，四位法王看過後皆讚歎並鼓勵大家實修綠度母。尤其在這天災不斷的時刻，是最適合且最具代表性，可以幫助解救地球危機與眾生生命的一部寶典。因爲綠度母菩薩是所有諸佛菩薩的事業總集，無論感情、事業、財富、健康、冰刀劫難，舉凡地、水、火、風之天災劫難，最爲迅速、最勇猛的偉大女性菩薩——度母，皆能消除上述一切障礙。

慈悲如父如母之恩德的上師，利用授課休息的時間撰寫這本綠度母實修教導之書，希望能早日公開教導傳授此殊勝二十一度母總集實修的勝法，大家若能齊心虔敬修誦並廣爲弘揚，必能獲得綠度母菩薩的感應，將天災平息，使大地恢復過往的綠意昂然，生氣蓬勃。恩師之願力與度母之悲心無二無別，願救度眾生永離一切苦難與劫難。

上師並呼籲大家，除了實修綠度母保平安之外，能多重視環保，愛護地球，保護地球，不要破壞大自然，確實做到節能減碳，淨化心靈，念頭善，其行爲亦善，法爾如是。

經典中有記載：「天地、山川、海洋、河流、湖泊，上至日月星辰，下至花草樹木皆有其神靈，順其之道必然長存。」

人類藉此大地棲息，若過度開發砍伐，破壞大自然，使山脈斷損，地層不斷的下陷鬆動，當到達一定極限時必定會坍塌，就像人的肢體被截斷剝皮，試問這人還能活多久？這是相同的道理。二十一世紀雖然資訊發達，科技進步，但是能源的過度使用，廢氣不斷的排放污染，地球的大氣層受到嚴重破壞，這種種原因都因爲人類的貪婪與自私。

時代進步得太快，相對人類的壓力也極大，每個人爲了名利財富，不擇手段的去掠奪爭取，自然變得自私自利，慾望之心炙盛，人與人之間的互助、互信、互愛的關懷都不見了，彼此猜疑，嫉妒之心愈來愈強烈，人心卻愈來愈不快樂，瞋恨心愈來愈重，大家心中幾乎只想多賺錢，擁有財富，過著富裕舒適的生活，以此爲人生第一目標。每個人爲了金錢，夫妻爭吵，家庭失和，父子成仇，手足反目，親友叛離，導致心中的怨氣、瞋恨、憤怒高漲難息。這種不清淨的心念和想法，時時刻刻由體內散發出來，藉由呼吸吐氣排放穢氣，有如一間工廠每天二十四小時不斷排放黑煙穢氣等化學分子，若每間工廠都如此，試想這個地球被黑煙以及化學分子層層包住，其結果會如何？這些對大氣層也是一種負面影響，人類爲了貪著財富，做出很多傷害地球的事情，因而產生負面效應卻不自知。

有句諺語：「物極必反。」宇宙天地萬物皆有其命數與定律，如果違反其法則與定律，必然要承受果報。

希望這本綠度母實修寶典，能眞實利益眾生，解除地球的危機。眾生能依止二十一度母修持而改變內心，淨化心靈，從這兩年發生的天災中覺醒，完全改變自己貪婪自私的心念，更關愛他人，愛護地球，保護大自然，珍惜生命，行善世間，將苦難多變的世間轉變爲祥和喜樂的淨土。這是你我共同生存的暫時棲息地，我們都有責任與義務。很快的我們都將成爲古人，請爲未來的子孫留下一片吉祥喜樂的棲息之地。

祈願綠度母菩薩聆聽眾生的祈求，當眾生遭遇各種危難而緊急呼喚祈求時，您能急速降臨搭救，永遠不捨棄我們，因爲您是我們的依靠，唯有您可以極爲迅速的拯救我們免除一切災難。

祝大家　實修圓滿吉祥　遠離一切災難　大地萬象更新

菩提三乘林佛學中心

會長　王莎賀　合十

【第一章】

度母救度眾生的事蹟

浩瀚勝者無餘諸事業　總集爲一聖度母足前
無轉信心以頭禮敬已　救怖聖母事蹟略宣說

將浩瀚無量佛陀的一切事業，總攝於一體的聖救度母足前，我懷著不退轉的信心，以頭虔敬頂禮後，簡略地敘述能救一切眾生怖畏聖度母的事蹟。

頂禮聖母尊足前並誠懇祈請。有關至尊聖度母救度善男信女脫離種種畏懼的事蹟，在民間流傳的軼聞極多。在此特別選擇其中確定可信的傳說，而且是諸位前輩賢善士的無誤之語，另外又加上一些眞實發生的事蹟，共二十九篇，爲了讓眾生信心增長，而且熟悉傳記事蹟，特別彙編於此章。

1 救度仇敵災難

從前印度有一位王室貴族，有一天在家中的花園休息，不知不覺睡著了。此時，仇敵突然帶領精銳士兵，手持各種銳利武器悄悄包圍他的宅邸，貴族在渾然不覺的情況下，已經身陷重重的驚險困境。當時貴族只有單獨一人，身邊沒有其他隨從保護，正在苦無對策、內心驚慌之際，忽然回憶起以前曾經聽人談過聖救度母，能夠救度有信心者脫離十六種災難。因此，貴族在生死攸關下，口中立刻大聲呼喊聖號：「皈依度母」，並自內心湧現強烈的虔誠，同時至心祈請。就在千鈞一髮之際，只見聖度母緩緩降臨在前方天空中，雙足捲起足以拔樹裂山的狂風，將仇敵軍隊吹得東倒西歪，四處分散，落荒而逃，讓貴族得以安全脫離險境。

2 救度野獅災難

古代印度鄉下有一位以砍柴爲業的樵夫。有一天，樵夫到森林去撿取木頭，想要賣錢維生，不知不覺走到了森林深處，忽然間遇到一隻饑餓的母獅，一瞬間向樵夫猛撲過來，把他啣在口中，快步返回獅窩，打算把樵夫吃掉。

由於樵夫平日虔誠信仰聖度母，正逢驚險時刻，立刻專心一意的祈請聖度母，並口呼聖號。就在此時，前方忽然出現一位婦人，穿著樹葉做的衣服，若無其事的靠近前來，將樵夫從母獅口中取下。母獅並未反抗，反而變得溫馴服從。樵夫在茫茫渺渺之際，已經置身在平日販售柴火的市場中了。

3 救度大象災難

從前有一位漂亮的少女，年僅十二歲，有一天獨自走入森林中採摘美麗的鮮花，渾然忘我而愈走愈遠。突然間遇到一頭凶猛的大象，壯碩的大象有如一座高山般雄偉，伸出長

鼻凶狠地捲起少女，準備用象牙刺穿她。正值驚險萬分之際，少女內心憶念聖度母，虔心默誦聖號並誠懇祈請。突然間，瘋狂的大象內心生出慈愛憐憫之心，長長的象鼻舒展開來，將少女輕輕放下，並護送少女平安返回家裡，以免沿途遭遇其他猛獸的傷害。

4救度大火災難

從前有一戶人家與人結怨。某天夜裡，仇家暗地裡偷偷前來尋仇，在這戶人家房子四周點燃了火苗。這家人正在睡夢中，渾然不知大火已演變成熊熊烈火。當所有人被陣陣濃煙嗆醒時，早已身陷火海，只好驚慌的四處找路逃生，無奈四周已經是烈焰火海，根本無路可逃。

在萬念俱灰之下，家中長輩突然靈光一閃，猶如落海之人抓到枯木一般，緊急號令全家人立刻大呼度母聖號，專心一意的至誠祈請。由於所有人內心十分虔誠，故獲得感應，屋頂上方的天空突然間烏雲密佈，降下了滂沱大雨，火海在瞬間就被熄滅了。

5 救度毒蛇災難

從前有一座大城市，城裡商賈聚集。有一位富商因為宴請賓客，預估宴客時間應該會持續到午夜，因此事先與城中最著名的青樓歌妓約好，午夜時前來獻唱助興。

歌妓依約於午夜時前往富商家中，半途時由於疲累，倚靠在路旁的樹幹休息，不料樹上正好盤繞著一條大毒蛇，由於枝幹受到晃動驚動了毒蛇，毒蛇立刻爬下來將歌妓緊緊的纏繞住。

被毒蛇纏住的歌妓非常害怕，在慌亂中突然想起聖度母，於是內心默唸聖號，並虔誠祈請。只見毒蛇似乎有所感應，鬆開身體，轉變成無毒的蛇，游到河中消失不見。歌妓脫離了毒蛇的威脅，依約到達富商家中。

6 救度盜匪災難

古時候某座城內有一位富商，某天富商率領多位僕人，準備了許多商品，打算到鄰近城市販售。不料一行人在途中遇到了土匪，所有的貨品被搶奪一空，土匪甚至打算殺死富商與僕人們。

在生死攸關之際，富商與僕人們都非常驚恐害怕。富商內心思惟：「救怙者除了聖度母，實在沒有其他人啊！」因此吩咐所有人，口中大聲虔誦度母聖號，內心恭敬祈請。

土匪們驀然聽聞度母聖號，內心受到震懾，紛紛丟下搶得的商品，倉皇逃走，富商與僕人因而得以脫離被殺害的災難。

7 救度牢獄災難

古時候有一群小偷的頭目，平常嗜酒如命，趁夜深人靜時潛入皇宮的府庫偷竊。在順利進入府庫後，放眼望去，金銀珠寶堆滿了整個倉庫，他細細端詳，斟酌要挑選哪些珠寶。

不料此時頭目看見地上放了好幾罈陳年美酒，他是識貨的內行人，知道此美酒難得一見，因此把挑金揀銀的費心事一股腦兒丟了，毫不遲疑的打開美酒，開心的慢慢品嚐。不知不覺間，竟然喝光了價值昂貴的陳年美酒，但因飲酒過量，在身心歡暢之下酣然睡著了，醒來時早已旭日東昇。

皇宮府庫的守衛在黎明破曉進行例行性巡邏時，毫不費力就逮到了頭目，且偌大的府庫四周滿溢出美酒香氣，也很難不引來守衛的注意。

頭目被判了多項罪行，關入獄中，歷經獄卒痛打等等諸多痛苦。一天夜裡，頭目飽受毒打後，在牢房內稍作喘息，心想自己恐難逃一死，內心非常恐慌。在萬念俱灰下，想到曾聽聞至尊度母有求必應，救人無數。頭目抱著最後希望，虔誠呼喚度母，祈請度母救苦救難。過了一會，一隻五彩斑爛的小鳥飛進了牢房，用尖銳的鳥嘴啄斷了捆綁在小偷手上的繩索，於此同時，忽然聽到「呯」一聲，牢房門竟自動打開。頭目喜出望外，顧不得細想，忍住身上痛楚奪門而逃，僥倖脫離了牢獄之災。

幾天後，頭目在某夜沉睡時，做了一個奇特的夢，夢中一位穿著華美衣服的婦人對頭目說：「你能夠脫離牢獄之災，是因為我的幫助。如果你有感激之情，請你與同伴放棄偷竊之事。」頭目醒來後，內心有所頓悟，知道是度母感應，因而痛改前非，號令同伴都放棄偷盜之事，可以務農或經商，除了安守本分度日，平日也盡力做各種善事。

8 救度狂浪災難

古時候，有許多商人一起合夥，前往南印度外海經商。他們僱用許多船隻渡海，希望上岸後能取得各類珍寶與檀香木等等稀有物品，以便出售獲利。

不料船隻在大海中突然遭遇狂風，將船吹得東倒西歪，捲起的滔天大浪拍打著船桅桿頂，過了一會兒，各船隻的桅桿皆被大浪打斷，船體幾乎解體。商人們面對困境皆手足無措，無計可施，倉皇之下有人祈請大梵天神，有人祈請遍入天神，有人祈請自在天神，但是無論如何祈請，風浪仍絲毫不見平息，最後船隻紛紛碎裂成數塊，繩索都斷了，碎塊四處散開，在大浪中起起伏伏，所有商品被大海吞噬，血本無歸。

商人中有一位是佛教居士，對佛陀有虔誠的信心。在

此危急時刻，他的心中憶起度母，口中虔誦至尊度母十字咒語，內心祈請度母救度。剎那間，狂風巨浪突然煙消雲散，一切轉爲風平浪靜，居士在破船塊上載浮載沉，在輕微順風的幫助下，不久即安全抵達岸邊，逃過一劫。

9 救度遇食肉惡鬼災難

很久以前有一座很大的寺廟，廟中住了很多出家人。某一段時間，夜裡離開寺廟的比丘經常會遇害死亡。

有一天日落後，一位年輕沙彌到寺外經行，突然間遇到一個食肉惡鬼，身體黝黑，猶如一塊焦炭，面目猙獰恐怖，口中露出銳利獠牙。從沒見過惡鬼的沙彌正在錯愕之際，只見食肉惡鬼已經伸出焦黑枯槁的雙手，抓住沙彌的頭，張開血盆大口準備咬食。

年輕沙彌平日常聽人談起至尊度母能救八難，情急之下，口中立刻大呼：「度母救我！」內心虔誠祈請。只見前方不遠處突然出現一位黑色天女，手中高舉銳利長劍迎面而來，怒視著食肉惡鬼，眼中露出凶光。食肉惡鬼受到恐嚇，立刻心生恐懼，馬上放下沙彌，並乞求他的原諒。

沙彌因口呼度母而脫離了食肉惡鬼的傷害，從此之後，這座寺廟的人也遠離了食肉惡鬼的殘害。

10 救度麻瘋災難

古時候有一位婆羅門族的學者（阿闍黎）染上了麻瘋病，此病是極爲嚴重的傳染病，許多人被傳染。由於麻瘋病患者的手足會腫脹潰爛，發出惡臭，加上無藥可醫，因此總是淪落到被親友眷屬和醫生遺棄的下場。到最後，這幾位患病的婆羅門只能離群索居，四處流浪並乞討度日。

有一天，他們沿路乞討，流浪到某地，只見路邊有人刻了一座石頭雕像，以鮮花素果來供奉。他們上前一看，發現是至尊度母。由於眾人這段時間以來受盡苦楚，內心百感交集，不禁生出虔誠信心，深深的祈請度母救苦救難。過了一會，只見度母石像手中流出甘露清流，患病的婆羅門恭敬的用雙手盛來飲用，並以甘露水塗抹全身，不久痲瘋病竟然痊癒了，身體甚至比以前更為莊嚴。

11 救度邪祟恐懼災難

古時候印度有一個小鎮，稱為鐘拉。鎮上有一座大寺，許多僧眾都住在寺廟中，平常精進打坐參禪，謹守出家人的分際。年復一年，度過了許多歲月。

有一陣子，寺廟內突然出現許多幻相，有人看到一位婆羅門踽踽獨行，有人看到婦女往返行走，或看到面目猙獰的夜叉，有時候看到猛虎齜牙咧嘴的撲過來，有時候則看到野獅張牙舞爪。許多僧伽看到這些奇怪恐怖的幻相都當場昏倒，不醒人事；也有人在經歷數日的驚嚇後，整個人陷入瘋狂。

經過幾個月的不安寧，僧眾們一起討論，認為寺內必定遭逢鬼怪入侵，變出各種幻相，想用來迷惑僧眾。在商量對策後，全體僧眾認定至尊度母救苦救難，只要虔誠祈請，必能度過一切難關，於是決議：聘請精良的畫工，繪製至尊度母聖像，懸掛在幻相出沒的地方。

不久之後，就沒有人再見到任何恐懼幻影。寺內的僧眾都不禁發出讚嘆，於是全體僧眾供奉至尊度母為本尊，虔心祈請，精進的持咒並念誦禮讚文。

12 救度貧窮災難

古時候有一位農夫，生活貧困，經常三餐不繼，飽受飢餓寒凍之苦。有一天，貧農在餓得頭昏眼花之下，口中念誦至尊度母聖號，內心虔誠的祈請度母救苦救難。

經他不間斷的祈請，忽然看見前面出現一位奇特的婦人，身上穿著由諸多樹葉連綴而成的衣服。婦人指示他說：「你向東去吧！」貧農聽了，內心毫不遲疑，立刻依指示向東方慢慢走去。

走了一段時間，貧農的體力已經耗盡，在極度飢餓與疲憊的狀況下，坐在沙地上沉沉的睡著了。過了一會，他突然被「噹噹噹」的鈴聲驚醒，睜開迷朦的眼睛，只見前面不遠處有一匹綠色駿馬，身上配著鈴鐺作裝飾，正用牠的前蹄在沙地上挖掘，挖了幾下之後，立刻掉頭揚長而去。

貧農向前走去，蹲在地上仔細看著綠馬在沙地上所挖掘的痕跡，自己也用盡力氣往下挖掘，突然挖到幾塊金塊。貧農喜出望外，非常興奮，又繼續往下挖，最後得到許多金銀珠寶，一生衣食無缺，擺脫了貧窮之苦。

13 救度別親苦難

古代印度有一位婆羅門，是一位大富豪，財富堆積如山，珍饈享用不盡。妻子和子女心性溫和，家庭生活融洽，幸福溫馨。

有一年，城裡爆發大瘟疫，傳染迅速，情況一發不可收拾，患病者不計其數，而且幾乎全部死亡，可說是無法治癒的絕症。頓時人心惶惶，談瘟疫色變，人人足不出戶，商店大門緊閉，不敢開門作生意，經濟陷入空前蕭條。

過了數日，富豪家中亦難逃劫數，許多親人不幸染病。雖然富豪散盡家產，延請醫生來診治，但他的妻子和子女仍陸續死亡，只剩他一人僥倖活命。由於富豪已身無分文，身旁又沒有任何親人，內心頓感落寞空虛，無依無靠，非常愁悶憂苦，只好沿路乞食，流浪四方。

某天，他流浪到佛陀初轉法輪的聖地瓦拉納西，剛好遇到多位虔信佛教的居士齊聚一堂，定期舉辦大法會，向至尊度母敬獻廣大供養。落魄困頓的富豪立刻用乞討所得的一點點錢購買一朵鮮花，萬分恭敬的獻在壇城上，心中默默祝禱，請求度母加持，救度災難。

幾天後，富豪在路上巧遇當地國王與公主率僕眾採買飾品。公主見他器宇非凡，與一般的乞丐不同，便詢問他的來歷。富豪略略說明自己的遭遇後，公主又問他經營管理之道，富豪亦侃侃而談。公主聽了以後對他十分賞識，在國王的應允下，與他結成連理。公主美麗絕倫，生育了多位子女。富豪頻頻向國王獻上治理國家的策略，使得百姓生活安樂，他自己也享盡榮華富貴。

14 救度王府責罰災難

古時候，印度的阿育達城有一位長者，財富堆積如山，僕役成群。他與朝中多位大臣友好，和地方權貴也是莫逆相交，擁有極大的權勢。國王對此非常不高興，暗中派了四位壯碩的勇士到長者家中，把他帶走並關進牢獄。

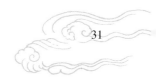

長者在牢中一心信賴度母能夠救苦救難，於是口中不斷的稱唸聖號，內心虔誠祈請。幾天後，牢房有時出現祥雲繚繞，有時彩虹穿梭而過，有時傳來悅耳的天樂。總之，種種瑞相不斷出現。

國王聽了獄卒的報告後，半信半疑，便親自前往牢內一探究竟，竟眞的親眼看見稀奇瑞相，不禁驚嘆連連，因而不敢加害這位長者。經過數日折騰，長者最終被釋放而平安返家。

15 救度雷劈災難

古時候在印度的邦伽羅，住著一位在家居士，篤信佛教，樂善好施，是一位虔誠的佛教徒。

有一天大清早，居士前往田地播種，期望今年能夠風調雨順，五穀豐收，大家都能過個好年。不料路邊有一個斑駁的小塔，是夜叉禮拜供奉的，居士一時沒注意，竟用腳跨了過去。夜叉勃然大怒，天空立刻風雲變色，烏雲密佈，從烏雲中間打下如紅鐵一般的閃電，轟隆隆的巨響，連大地也被震動了。朝著居士打來的閃電，夾雜著滾燙的熱雨，猶如烊銅水一般。

在千鈞一髮之際，居士內心唯僅憶念度母，至誠祈請，一心信賴度母必能救苦救難。此時只見紅鐵閃電轉變成無數紅色的花朵，紛紛落在居士四周的地面上，猶如紅花鋪成的一塊大地毯，非常美麗。烊銅水也轉變成爲霏霏細雨，灑在臉上，帶來絲絲清涼。自始至終，居士都未受到任何傷害。

16 救度戰爭災難

古時候，摩羯陀國位於印度中原地區，附近還有伽毗羅衛大國。有一年，阿修噶王與固米札王在此地區發動戰爭。阿修噶王心想，自己在軍隊的數量和威力上都強過對方，根本不用畏懼，所以就很有自信的調兵遣將，認爲一定會獲得勝利。

固米札王的軍隊數量少，兵力不如對方強，交戰幾回後，挫敗連連，軍心大受挫折。一向虔信至尊度母的固米札王於是號令全軍將士，一齊虔誦至尊度母二十一禮讚文。連續七天，所誦禮讚文次數累計超過十萬次。

之後，固米札王與阿修噶王的軍隊再度交戰。在戰場上兩軍相會時，阿修噶王的士兵忽然看見敵軍兵士數目大量增加，且個個凶狠無比，與往日大不相同，不禁心生恐懼，有的兵士逃回國內，有的兵士擔心會因爲戰敗而受到國王的處罰，只好遠逃他鄉。

事後阿修噶王的兵士告訴其他人：「最後一戰與敵軍碰面時，敵軍與往日完全不同，戰場上突然出現成群結隊的婦女，身體呈黑褐色，相貌猙獰恐怖，身穿盔甲，手中高舉戰斧等各種銳利武器，鋪天蓋地到處都是，導致我們相互交戰的勇氣頓時消失殆盡，大家紛紛轉頭逃命。」

17 救度水厄瘟疫之難

從前在尼泊爾，有兩個人想要游泳渡過一條大河，但是水流湍急，兩人在河中載浮載沉，險象環生。最終因爲水流過於快速，兩人重心不穩，沉入河中被水捲走，就快滅頂。

其中一人向來虔信至尊度母，趕緊祈請度母，默誦聖號，祈請度母救苦救難。不久，度母便化身爲一個巨大的野人，隨手撿起岸邊一根巨木，用力擲往河中，正好落在此人前面，此人順勢抓到巨木，抱著巨木浮浮沉沉，終於順利登上河岸。

另外還有一件事蹟。

從前在西藏某個地方，突然開始流行瘟疫，這是極爲凶惡棘手的傳染病，所有醫生用盡各種辦法仍束手無策，以致許多當地居民染病死亡，少數倖存者也在提心吊膽下度日如年，苦不堪言。

當地高山上有一位終年閉關、潛心禪修的師父。鄉民推舉代表，上山叩見師父，請求他占卜是否有任何方法可以度過這個難關。

師父占卜後指示：在鄉內各處懸掛度母旗幟，便可得到最大助益。於是鄉民一傳十，十傳百，聚集了全鄉所有布匹，集體通力合作，日夜不停的趕工印製度母二十一禮讚文與度母十字咒語的旗幟，數量驚人，懸掛在高山上，以及街坊各處。

當大風吹拂過度母旗幟時即可得到加持，由於風中帶有度母咒語的威力，之後風又吹拂到各處，以咒語的威力，將瘟疫驅逐離開此地。不久之後，這個地方再也沒有爆發瘟疫，凶病在當地終於斷絕，所有病人也都逐漸痊癒了。

18 救度牢獄之難

從前在南詔國境內，國王抓到兩名竊賊，將他們戴上手銬腳鐐，關進牢獄中。其中一個賊人平日對度母極具信心，因此不分日夜，虔誦至尊度母聖號。至於另一個竊賊則完全不信佛法和度母，因此覺得度母聖號相當聒噪，使得他晚上難以成眠。他不斷對唸誦度母聖號的賊人提出抗議：「趕快睡覺了，不要再唸度母了！」

唸誦度母聖號的賊人完全不理會他的抗議，每天不分日夜，除了深夜小睡片刻之外，整天都持續不斷的唸誦聖號。

如此精勤努力，六個月後，有一天，虔誦度母聖號的賊人，手銬腳鐐都消融而自動脫落，牢房的窗戶也自行打開了，賊人喜出望外，告別另一賊人之後便攀窗而出，脫離了牢獄之難。

另一位對度母毫無信心的竊賊則依然身陷囹圄，無法脫離災難。

19 救度魔祟非人所擾之難

從前某個地方有一座渡河的橋，有一段時間，橋上常有鬼怪邪祟出沒，並且在橋上變化出各種恐怖的幻相，使得行經橋上的路人總是提心吊膽。而且附近村落也出現種種不吉祥的徵兆，令當地百姓膽顫心驚，無法安寧度日。

因為自古以來就傳說至尊度母能夠救度各種災難，因此村民們發起募捐，延請工匠在石板上雕刻度母聖像。如此刻有度母聖像的石板超過百片，重重疊疊成為小石堆，放在橋畔的路邊，之後鬼怪就再也不敢過橋進入村內，甚至不敢靠近村子。因此橋上與村內再也不曾出現魑魅幻相，鬼怪的一切障礙就完全平息了。

20 救度遠離水厄獸難

從前西藏有一位老人家，平日依止至尊度母爲本尊，多年來持續課誦度母二十一禮讚文以及度母咒語。

有一天，老人家在過河時，不小心掉到河中，被河水捲走，逐漸沉入水底。他誠心祈請度母救苦救難，正當河流行經一處山谷狹道時，他被激流沖到了岸邊，奮力爬行了好幾公尺，才總算脫離險境，但也已筋疲力盡了。

老人家稍微歇息片刻，讓心情恢復平靜後，便往前走了幾步，看到一個大岩洞，岩洞兩旁與背後竟是萬丈懸崖，前面則有大河蜿蜒流過。老人家心裡了解，想要脫離困境，只怕比登天還難了。

老人家往岩洞內走去，頓時心跳加劇，冷汗直流，因爲洞內是一個虎窩，好幾隻幼虎目光炯炯的瞪著自己，一眨也不眨。老人家愣住了，進退維谷，不知如何是好。恐慌之中立刻憶念起度母，反覆祈請度母救苦救難。

此時，至尊度母加持群虎，幼虎們不僅沒有傷害這位老人家，反而走向前來用舌頭舔他，並用尾巴捲繞他的身體，充滿慈愛之情。老人家知道這是度母救苦救難，心情立刻轉爲平靜，又再度誠心祈請度母幫助他脫離虎穴。但或許是因緣條件尚未成熟，總之他遲遲無法脫離岩洞，饑餓時只好吃著虎父虎母帶回來的生肉。

不知不覺過了幾個月，幼虎已經成長爲成虎，雄壯有力，一一跳躍過寬廣的河面，到達對面岸邊，往森林方向走去。接著虎父亦一躍而起，衝入雲霄，劃過天際後剎時順利落在對面岸邊。

老人家看見此一情景後，內心相當驚慌。原來這個岩洞是虎父虎母爲了養育幼虎，以及防止野獸傷害的暫時藏身之地，如今幼虎長大，當然可以返回叢林中，不必回來岩洞了。老人家心想：如果沒有老虎，自己必定會餓死。

正當老人家內心忐忑不安時，看見虎母低頭聳肩，正準備躍河而過。他想也不想，口呼度母，立刻騎在虎母的背上，閉上雙眼，雙手環抱著虎頭。只聽到虎母口中發出巨吼聲響，騰身躍起，老人家覺得自己的身體似乎要衝入雲霄。一瞬間，虎母雙足已經落地，老人家睜開雙眼，發現自己已經平安抵達對岸了。

21 救度畜牲道之難

以前有一個人養了一隻巴哥鳥，有一天，巴哥鳥被小狗叨走了，面臨生死關頭。此時巴哥鳥相當驚慌害怕，口中立刻唸出「達列都達列」的度母咒語，小狗一聽，立刻鬆口，放下了巴哥鳥。巴哥鳥因而脫險，撿回一條命。

原來巴哥鳥的主人向來虔信至尊度母，平日也常常唸誦度母心咒，咒語聲常常傳入巴哥鳥的耳中，所以當遇到恐懼時，巴哥鳥便不自覺的立刻脫口唸出。由於咒語聲是向度母請求援助的詞句，巴哥鳥因而得以仰賴至尊度母的救度脫離險境。

22 救度鵪雛轉生增上

從前在一座山頭上，村民們懸掛了許多的祈福旗，其中大多數是至尊度母的旗幟。在一片旗海的側面山崖崖壁上，有一個鵪窩，窩內住著鵪雛母子共七隻。

山上風很大，在大風吹拂之下，旗幟的擺動發出啪啪的響聲，鵪雛母子平日經常聽聞旗幟啪啪聲。多年後鵪雛母子死亡，立刻投生在至尊度母的淨土「璁葉莊嚴國」，成爲七位天女。

23 救度免於國無王儲之障

古時候印度有一位國王，皇后入宮已經許多年都沒有生育子嗣，因此國王又陸續納妃數位，可惜也都沒有生育。

由於國王已逐漸老去，他與大臣們都相當擔心，憂慮王位沒有繼任人選。君臣共同商議後，決定向度母與上師請求卜卦以及禪定觀察，指示該如何解決這個問題。

所得到的指示是：「誦畢度母咒語，即可獲得麟子。」於是國王集合了全國百姓，每個人都誠心唸誦度母咒語，幾天後，度母咒語已經累積達數百萬遍了。不久即傳來皇后懷孕的好消息，之後便平安生下一位王子。

喜獲麟兒的國王非常高興，立即召告天下：「王子取名稱爲百十萬，因爲他是全國百姓向度母請求，並且累積了數百萬遍的十字度母咒，至尊度母親自答應賜予的。」

王子長大成年後繼位爲國王，在當時各方國王當中，他的威信、權勢與福德各方面，都是其他國王無法比擬的。

24 救度遠離祝融災難

從前西藏東部工布地區有一戶人家，家人皆依止度母為本尊，平日經常持誦度母咒，唸誦禮讚文，虔誠祈請至尊度母。有一天一個厲鬼入侵此戶人家，興風作浪，製造障礙，使家中接連遭遇許多災難。

一天夜裡，厲鬼令屋內發生大火，家人在睡夢中被濃煙嗆醒，只見四周火光沖天，在驚慌失措、火光閃爍不定的情況下，根本找不到逃生的路。最後家人全都聚集一起，眼前的火勢愈來愈猛烈，頃刻間大家就快要被大火吞噬了。家中長輩見狀，急忙號令全家人一起大喊：「度母救苦救難」，內心出於至誠，專心祈請。在家人誠心的感應下，至尊度母有如一輪明月，親自降臨於火海上方的天空中，從聖身降下甘露大雨，瞬間就熄滅了熊熊烈火。家中人丁都毫髮無傷，而且還拜謁了度母的聖容。

25 救度遠離病苦災難

以前西藏東部有一位比丘，某日他罹患了重病，雖然看了許多位醫術高明的醫生，但是病情不僅沒有好轉，甚至持續惡化。

有一天夜裡，比丘作了一個夢：重病的比丘在大河中載浮載沉，由於河面寬闊，雖然他用盡了一切力氣，仍無法游到岸邊。正在筋疲力竭、無計可施時，突然看到一位婦人站在岸邊，伸出猶如河面寬度一般的長手臂，將重病的比丘從河中抱起，放到岸邊，並對比丘說：「我伸出右臂時唸誦『嗡達列』，伸出左臂時唸誦『都達列』，所以能夠將你由水中救起。」

第二天天亮後，比丘發現自己的病情已好了一大半，之後又漸漸好轉，隔了一段時間身體已經痊癒了。比丘知道自己必定是仰賴度母的加持，才能夠得救。

26 救度覓得良緣，子嗣滿願

高雄有一位陳小姐已到了適婚年齡，父母常催促她快點結婚，並請親戚朋友幫忙介紹，但是陳小姐都沒有中意的對象。後來她的父母給她很大的壓力，不斷的罵她，導致她患了憂鬱症，甚至有放棄生命的念頭。

這個時候，她遇到了一位師父，把所有的情形告訴了他，師父了解情況後，就給了她修誦綠度母的功課，鼓勵她不要放棄生命，只要相信並虔誠的祈求綠度母，綠度母一定會幫助你，並成全你的願望。

當時陳小姐心中有一點疑惑，她覺得自己的年齡已經不小了，又患有憂鬱症，應該不太可能有機會結婚。後來她想試試看也無妨，反正是一個機會，便開始祈求綠度母，修誦綠度母，對度母愈來愈有信心。不久後，陳小姐就遇到一位很好的男士，這個男士很奇怪，第一次見面就很喜歡她，也很愛她，兩人就開始交往。陳小姐的心情變得愈來愈好，憂鬱症也康復了，現在他們已經結婚，有情人終成眷屬。所以年齡不是問題，只要內心相信，對度母有堅定的信心，誠懇的祈求，一定會滿自己所願。

27 救度水厄災難

古時候印度有一個商人，有一天，他僱了大船想在大海中尋求珍寶等貨物，不料船隻在航行時遇到狂風巨浪，遭受大浪擊中，船身受損，支離破碎，商人也被海浪所吞噬。

正當商人快要沒頂時，口呼度母救苦救難，誠懇祈請。不久，至尊度母變化爲一隻大烏龜，身體爲白色，非常美麗，口中說著人類的語言：「我能夠拯救你這位恐懼害怕的有情。」

商人安然騎在大龜的背上，大龜慢慢游動，將商人載到岸邊。商人終於鬆了一口氣，脫離了被大海滅頂的災難。

28 救度遠離失敗的運勢

台灣有一位同修常常去馬來西亞弘法，認識了一位馬來西亞華僑，這個人做生意一直失敗，無論是投資做生意或成立公司、工廠，從來沒有成功過，讓他非常的失望沮喪。後來他的朋友就帶他去見慈囊仁波切，請教仁波切有沒有什麼方法可以幫助他。仁波切請他修持綠度母，多祈求綠度母，並爲他口傳綠度母，同時特別安排寺廟中的仁波切、上師、喇嘛等來幫助他修綠度母，並迴向給他。後來他的運勢就慢慢改變，生意也漸漸好起來了，目前的情況已變得非常不錯。現在他的家中有一個房間全部供奉綠度母的佛像，他也每天都修誦綠度母。

29 救度惡鬼破壞家庭美滿

在西藏有一對夫妻非常恩愛幸福，他們家附近有兩個鬼，這兩個鬼看到他們夫妻這麼相愛，便想破壞他們的感情。一個鬼說：「我來改變他們的想法，讓他們發生爭吵，使太太生氣離家。」另一個鬼說：「我等他太太生氣跑出來到橋上時，就把她推下河裡淹死她。」於是第一個鬼跑到他們家去，用一些方法讓這對夫妻一直吵架，後來太太果然非常生氣，離過得離家出走。當太太跑出來時，看到天色已經黑了，心裡有一點害怕，就不斷的唸誦綠度母讚頌文。另一個鬼在橋上一直等都等不到這位太太，心裡很急，突然間看到一個女人走過來，但這個女人瞎了一隻眼睛，並不是鬼要等的人。

這個鬼就跑到這對夫妻家中去找另一個鬼，問說：「我們不是已經講好了，爲什麼你一直不讓這位太太生氣離開家中，害我一直等不到人？」另一個鬼說：「他們剛才大吵了一架，太太已經負氣離開準備到你那裡去了。」這個鬼就說：「剛才我看到一位瞎了一隻眼睛的女人，原來就是她！」後來這個鬼觀察原因，才知是因爲她唸了綠度母讚頌文的關係，但因爲唸誦時很生氣，所以綠度母讚頌文唸得不完整，以致這女人瞎了一隻眼睛，但這也讓鬼錯過了將她推入河中的機會，可說是她唸誦綠度母讚誦文的功德救了她一命。

有很多夫妻有類似的情形，本來很恩愛，後來卻變得很容易爭吵。遇到這種情形，請多多祈求綠度母，常常唸誦綠度母讚誦文，千萬不要上了魔鬼的當。

度母消除障礙、賜予成就的事蹟，如同前面所述，爲數眾多。此處所記載的內容，都是確實有據的。爲了能讓信眾相信與信心增長，因此將可信前賢所說的事蹟，舉例並彙編於此。

誠願遍空有情眾　不離聖母守護願
施與暫永無畏救　由此既得甦息已
至尊阿雅達列之　加持白光遍三界

【第二章】

綠度母四曼達儀軌心要解釋

嗡梭帝

心意清澈明鏡光潔面　略現尊身即時得成就

是故能賜無餘成就母　恭敬頂禮至尊聖母足

甚深聖母度母修行法　曼達二糧心要勝解眾

利益心意曙光行迎接　善釋度母能明此處昇

所欲調伏的有情眾生，他們的心意非常清澈，有如鏡子清潔光亮的表面一般。在清澈心意的表面上，度母尊身雖然在剎那間顯現出來，但已能令此人立即獲得成就。由於前面的功德作為理由，所以應該在這位能夠賜與無餘成就的聖母（綠度母）足前，恭敬地獻上頂禮。

度母儀軌解釋

由於諸位大眾對甚深聖度母的禪修法有強烈的勝解之心，而且修學的人非常多，所以我想要利益大家的心意，就像破曉時分的曙光一般，以此來迎接大家。這篇度母的修學註釋，有如東昇的朝陽般照亮世界，因此在此撰寫了這篇實修的講解。

一般而言，最厲害的惡魔有四類，稱爲「四魔」，就是五蘊魔、死亡魔、煩惱魔、天子魔。而唯一能夠徹底打敗四魔獲得勝利的，唯有圓滿的佛陀，所以佛陀的尊號又稱爲「勝利者」。

過去、現在、未來等三時諸位勝利者事業之能力全部凝聚在一起，然後又變化成具體的形體，讓有情眾生可以拜見並接觸得到，那就是勝利者之母——聖度母。

有關聖度母的禪觀法，特別是仰賴獻曼達的儀軌而修行，那就是眾所皆知的《度母四曼達儀軌》，在累積資糧、淨治罪障方面，也是無上的方便法門。

對此儀軌有勝解心，而且進行禪修的行者，實在非常多。我希望能夠利益所有的禪修行者，於是就撰寫了這本綠度母實修叢書，把儀軌艱澀難懂的詞句與意義條理分明的加以解釋。

本文可以分爲三個段落：（一）加行，（二）正行，（三）結行。首先說明加行。

有人問到：「曼達」是什麼意思呢？「曼達」是梵語的音譯，而不是意譯，有時也譯爲「曼達拉」、「曼陀羅」，或譯爲「壇城」。

不論在中文上意譯爲「壇城」，或是按照發音譯爲「曼達」、「曼陀羅」，其實原來的梵文都是相同的名稱。那麼，梵文的意思是什麼呢？原詞直接意譯出來，中文之意稱爲「中圍」。所以獻曼達時，在曼達盤上面，中間是須彌山王，四周有四大部洲、八小部洲、四大部洲的特產、國王七寶、供養天女，以及天上人間無盡財富受用等等圍繞，以此代表一個世間界。與此世間相同的，其數量共有百數千萬個，稱之爲「三千大千世界」。這百數千萬個世間界全部聚集在曼達盤上作爲供品，敬獻給聖度母壇城聖眾。所以「曼達」即是「中圍」之意，代表將三千大千世界作爲供品。

其次，就聖度母壇城來說，壇城的中間有主尊聖綠度母，四周有二十尊度母與諸佛菩薩眷屬眾所圍繞而成爲壇城，作爲所供養的資糧田，所以資糧田壇城也是「中圍」。

那麼，爲什麼要「圍住中間」呢？原因是因爲要取得心要精華。經由敬獻曼達，圍住中間，我們可以取得的心要精華就是二資糧圓滿。另外，經由將曼達獻給資糧田壇城聖眾，觀修壇城聖眾，圍住中間，我們可以取得的心要精華就是本尊內心的尊意，無上的究竟佛果。所以，獻曼達便成爲非常重要的修行方法，廣受行者的重視。

修行的條件

就修行《度母四曼達儀軌》的行者而言，上等條件者是已經得到尊德度母的灌頂。如果沒有得到度母的灌頂，但已經得到過其他密咒乘門的灌頂，而且還具足誓言，已經皈依三寶，並且以出離心與菩提心淨治了自己的心相續與基礎。

另外，又如續部所開示：「觀處友伴與器物，之間應密而禪觀。」又如《勸發增上意樂經》說：「何處有繁雜或爭執處，應當遠離百由旬之外；何處有煩惱則於彼處，雖剎那間不應安住矣。」對一位剛開始學習的初修者，不應該居住在吵雜喧嘩、忙碌散亂、貪戀、瞋怒、爭吵等等會令人煩惱強烈增長的地方。

處所

那麼，上好的禪修處所應該是什麼樣子呢？應該是諸佛菩薩曾經加持過的處所，或者是上師、成就者加持過的地方，其尊足曾經親自踐履過的寺廟、蘭若等等，必須是地方潔淨且讓人內心產生欣喜的寂靜之地。在這類型的處所進行禪觀時，就能夠讓自己的心相續在聞思修等各方面純淨善行、修行增長向上。話雖如此，但仍以個人的心能安定修行爲最主要。

吉時

在進行禪修的時間方面，有謂：「四季孟月之上旬，吉祥能出諸善好，月圓月尾初八日，伴隨佳兆禪修增。」在春夏秋冬四個季節的孟月（註：孟月即每季的第一個月，即陰曆正月、四月、七月、十月）上旬，另外還有勝利者的神變節、成佛節、說法節、天降節等四大節日，又例如每個月的初八、十五、月尾等等時期。如果能夠在前述這些時間禪修、課誦、行善業，其利益將有倍增的效果。

一般來講，良辰吉日星曜佳善的日子，都能夠爲我們帶來善好與吉祥，禪修天尊（菩薩或本尊）容易證悟，因而也容易獲得成就。

如果修法的目的是爲了要事業順利、止息各種障礙、疾病與邪祟等等，修法的時間應該在事情未發生前就立刻進行修法。另外，如果修法的目的是爲了某項即將要進行的特別大事，修法的時間就應該在進行該件事情的前一天。此外，如果是任何其他的情形，修法的時間就不是固定的了。另一方面，如果這個修法的課誦是經年累月，持續而沒有中斷，那麼課誦的利益便是無可限量的。

友伴

就僧寶做爲幫助我們、助伴我們來說，正如《集經》中開示：「賢善恭敬上師彼等弟子眾，即應恆常依止上師學士眾，若問何故學士功德由彼出。」那些心地賢能善良，對上師極有恭敬心的弟子眾們，應當恆時依止上師大智者。爲什麼呢？因爲智慧的功德都是從他們而來的。所以在友伴方面，例如行持等同於梵天之上師善知識，乃是上上之選。另外，友伴的內心需具足信心，而且誓言清淨、不摻有狡詐、憤怒與嫉妒等，心續寂靜調伏、具有利他的善心、對於淨善法具有勝解之大信心，對於上師與天尊（度母本尊）具足勝解之信心與恭敬等，見地和行持方面皆相隨順諸友伴等，亦屬吉祥。

佛堂陳設

其次，在器物方面，乾淨悅意的處所經過灑掃潔淨之後，首先有必要陳設壇城（經、像、塔），在總體方面的擺設是佛菩薩的身語意之所依，個別環境的擺設方面則是尊德度母的聖像，如雕塑或畫像壇城等等。務必要求全部所依的聖像都是合格具量，而且佳善上等，並且已經進行過開光了。這些都是以自己個人的能力齊備而供奉。

另外還必須在供桌上備置曼達，曼達盤的材料是用黃金、白銀或銅等珍寶材料製作而成，然後在曼達盤上面放置穀類或米、水晶等的堆聚。

接下來，爲什麼儀軌的名稱稱爲「四曼達」呢？因爲首先要對總體三寶敬獻一次曼達，然後再對尊德度母敬獻三次曼達，所以儀軌由起始至結尾，一共要敬獻四次曼達。因此，有的說法就認爲應該要準備四個曼達。但是我們在此處，就實際做法而言，只要準備一個曼達就可以了。

此外還需要準備用三白三甜作爲材料製作成圓形白色的食子。不僅如此，還要準備供水、浴水、花、薰香、明燈、塗香、食物、音樂等等供品。無論如何，務必要求供物潔淨悅意，而且要盡自己個人的能力去置辦，然後莊嚴地擺設在供桌香案上。

同樣的道理，還有其他的供物，例如珍寶傘、勝利寶幢、風幡、華蓋等等，也可以盡個人的能力去備置。除穢水、吉祥草等等也應該齊備。

因爲《四曼達儀軌》這個法是根據事部續的儀軌而進行修持的，所以在行者個人方面，應該力求沐浴潔淨。如果在能力方面不能達到的話，也不可以摻雜有飲酒、吃肉等行爲。

最初剛開始禪觀時，修座的時間應該選擇在清晨黎明時。

總體而言，一切修道的入門就是皈依了；而在個別方面，大乘道的根本即是發起菩提心，所以有必要先在內心生出勝解的信心，專一修皈依與發菩提心：

མདུན་གྱི་ནམ་མཁར་རྗེ་བཙུན་མ་མངོན་སུམ་དུ་བཞུགས་པར་གྱུར་པར་མོས་ལ།

敦幾朗喀解尊瑪恩孫篤修巴菊巴莫喇

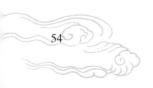

勝解尊德母已經現實安居在前方虛空

行者口中要唸誦上述句子，並且在自己內心明現出皈依境。那麼，怎麼明現出皈依境呢？

首先，觀想在自己正前方的虛空處，有各種各類無量的供品，另外還有無量的彩虹光與花朵等等，全部都是層層疊疊、無窮無盡，如同是雲朵濃雲密佈一般。在其正中間的處所，有一朵非常廣大的蓮花，蓮花上面有圓滿月輪座墊，座墊上面安居著本質是一切皈依處的總集，但是在外表的形貌上則是尊德聖度母。聖度母身體的膚色透亮，發出潤玉般的光輝，極為端妍美麗，而且佩戴著種種的裝飾品作為莊嚴，除了聖容美麗之外還露出微笑，是愛心與大悲心的主體。

內心思惟聖度母已經確實安居在前方的虛空，作為我們在修皈依與發起菩提心時的見證者。

行者個人如果能夠如同前面所述一般，內心的信心、勝解心至為強烈，內心在專注下生出勝解，那麼勝者眾親自降臨，是必定且毫無疑問的，這是法爾如是的法則。的確是如此，因為在佛經中也有開示：「何人作意能者王，能王恆安住彼前。」如果有情眾生能夠脫離輪迴，就可以得到解脫，這時再也沒有六道輪迴處所內的各種類型的痛苦，因此快樂之中也就不會摻雜一絲一毫的痛苦，所以是純正的安樂。如果一心嚮往這種純正的安樂，希望能夠獲得，該怎麼做呢？必須消滅內心的一切煩惱，因為在獲得解脫上所會遇到的最主要障礙就是煩惱障，如果打敗並消滅煩惱障，就可以得到解脫，獲得純正的安樂，再也沒有六道輪迴的痛苦了。

那麼，眞的有例子嗎？誰能做到呢？有三個例子，那就是聲聞阿羅漢、獨覺阿羅漢與佛陀。因爲他們三者都能夠打敗煩惱障，得到解脫，所以被稱爲「三能勝者」。其中的佛陀，不僅打敗煩惱障而得到解脫，還進一步打敗所知障而得到佛果，所以被稱爲「能者之王」、「能王」。佛陀擁有一切智，能夠了知一切眾生的心思；還擁有不偏袒的大愛心，所以會去救度一切眾生；還擁有無礙的能力，所以能夠救度一切眾生。因此，任何眾生，不管是誰，不論何人，只要他何時虔誠懇切，眞正發自內心深處作意思惟佛陀能王、祈請佛陀能王，「拯救我脫離這個痛苦、這個難關」，佛陀能王以一切智立刻察覺了知，以大愛心立刻降臨於祈請人的前方虛空，之後以無礙能力立刻給予相對應的幫助，令他獲得相對應的安樂。

皈依

如同前面所說的，在皈依處聖度母的尊前，由自己引領自他一切有情眾生們，身體恭敬地頂禮，口中恭敬地唸誦祈請文，內心極爲恭敬地相信。身語意三門以最大恭敬之心而進行皈依者：

ན་མོ། དཀོན་མཆོག་ཀུན་འདུས་རྗེ་བཙུན་མ་ར། །བདག་སོགས་འགྲོ་ཀུན་སྐྱབས་སུ་མཆི།

那摩　袞卻棍恩解尊瑪　打索走棍駕暑企

南無　親即三寶尊德母　我等眾生永皈依

行者口中唸誦上述詞句而皈依尊德度母，這兩個詞句是開示皈依的內容。那麼，由這兩個詞句的內容，真的能夠了解皈依的理論嗎？可以的。所謂「南無」一詞是印度的梵語，意思是「頂禮」、「皈依」。

最初開始修法時，是需要在頂禮之下而進行皈依的。那麼，我們所頂禮而且皈依的對象是誰呢？從共通的皈依境來講，就是佛陀、正法與僧伽等殊勝的三珍貴寶。

接下來，再更上一層來講，從密咒金剛乘門而言，皈依的對境是上師、本尊與空行等等三根本聚眾。

但是再更提高一層而言，我們現在修持《度母四曼達儀軌》時，皈依的對境是誰呢？就是尊德聖母度母。為什麼呢？因為聖度母本身即是前述所說的佛法僧三寶，以及上師、本尊、空行三根本等等一切無餘皈依境的總集所形成的主體。所以皈依了度母，也就同時皈依了三寶、三根本。

我與遍滿虛空的六道等等一切無餘有情眾生，全體集合在一起，從現在開始，一直到還沒有獲得佛果菩提之間，都永遠皈依於尊德聖母度母。

內心如同前述一般在允諾、承認下進行皈依度母。內心思惟：「從現在開始，無論我遭遇到任何好壞、苦樂的處境，除了聖度母您之外，我再也沒有任何其他的拯救者、期望處了！」

內心如同前述一般思惟，完全信賴並寄託給聖度母。

就總體而言，皈依三寶就是皈依佛法僧。首先皈依佛寶，就脫離輪迴獲得解脫的果位而言，我們非常有必要仰賴解脫的道路，並且必須在解脫道上努力精進禪修，將來才有希望可以達到目的，證得佛果。如果不走在解脫道上，或者沒有解脫道，當然不可能成佛。就像某個目的地，如果沒有通到此處的道路，不管是誰都無法到達，因爲沒有道路可行。同樣的道理，我們有情眾生能夠成就解脫果位與佛果，最重要的原因是釋迦牟尼佛出現在世間，開示了解脫道與成佛之道。比如說有一位跋山涉水的迷路人，面對叢山峻嶺間的諸多道路，正處在不知道東西南北、茫茫然不知選擇那條道路的境況，就在這時候遇到了一位專精的嚮導，詳細說明了錯綜複雜的山路，讓這位迷路人迅速就能夠到達目的地。

同樣的，佛陀就好像是那位專精的嚮導、道路的指示者一般，所以我們非常有必要皈依佛陀。

其次是皈依正法，正法即是修行的解脫道。想要得到解脫以及佛果，首先必須在內心對解脫與佛果產生強烈的希求心。例如現代經商的生意人，爲了得到一筆生意而絞盡腦汁，用盡各種辦法，目的就是一定要得到這筆財富。但是一筆生意，不管利潤有如天大地大如此之多，使用這筆巨大財富的時間，不過是三、四十年而已。世人追求的名利財富，都必須付出所有心力，辛苦勞累，日夜輾轉，反側難眠。那麼一位佛教徒希求獲得永恆、不變的安樂，要付出的心血勤勞就更不用說了。爲什麼呢？因爲得到解脫以及佛果，就是得到了永久的安樂，所利益的不只是這輩子這個血肉身體，更重要的是利益了生生世世與我們恆常相伴在一起的內心，使內心脫離了五毒煩惱的迫害。而且利益的時間不是只有這一世，而是獲得生生世世的安樂。因此，遠較世人爲求得財富所付出的心力而言，行者要獲得解脫以及佛果，當然要付出更龐大的、不可思議的心血，必須以「焚膏油以繼晷，皓白首以窮盡」的心力，在解脫道上刻苦禪修，例如至尊密勒日巴一般。

此外，僅僅只是發願要成佛，卻不付出努力，或只付出少許的心血，又怎麼可能達成偉大的目標呢？這種情形是對解脫道的不重視，也就是皈依正法沒有做好，如此一來，不僅想要得到解脫證得佛果非常困難，就連下輩子想避免墮入惡道都非常困難！舉例來講，在現代社會中，十個生意人大概有七、八個經常會為了生意而擔心憂慮、夜晚輾轉反側，付出了全部的心血；但是十個行者中，大概只有二、三個會經常為了自己下輩子有可能墮入惡道而擔心憂慮、夜晚輾轉難眠，因而付出全部的心血禪修。所以在現代社會中，行者追求出世間目標所付出的努力，遠遠不及世人為追求世俗目標所付出的努力，這就表示皈依正法沒有做好。

再其次是皈依僧伽。僧伽就是在解脫道上修行時需要的友伴，可作為行者的典範、模仿的對象，所以僧伽是標桿人物。為什麼行者需要有模仿的對象呢？因為是新手，正走在一條不曾走過的道路上。就像是幼稚園或小學生，因為分析思辨的能力還不夠，所以學習的最好方式就是模仿。等到年紀稍長，到了高中，就要重視分析思辨的能力了，所以模仿力強者，小時候佔優勢；思辨能力強者，在高中、大學時表現就會較優異。在模仿階段，成敗的關鍵是什麼呢？就是模仿的對象，所以行者要慎選所依止的上師和同修法友，等到自己學習了上師的內心後，自己的內心就會生出證悟。過程中的教導者、督促者就是僧伽，所以有必要皈依僧伽。

我們應思惟前面所述的道理而皈依三寶。

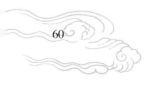

或許有人會問：「為什麼必須如同前述道理而皈依三寶呢？」因為成佛之道的指示者、解脫的道路、修行解脫道時的友伴，這三寶是不會欺誑我們的，而且也因為其他任何人、任何天神，都沒有具備像三寶一樣的能力。

或許有人心裡想：「我要皈依三寶到什麼時候呢？」一直到證得佛陀果位的時候，我們都必須皈依三寶。或許又想到：「為了什麼事情和目標，我要皈依三寶？」這目標是為了能夠度脫自他一切有情眾生脫離輪迴的畏懼，然後證得究竟的解脫佛果。

接下來，在皈依三寶的必要性與利益方面，佛教的入門之處就是皈依。尊者阿底峽曾經開示：「外道、內道皈依別。」要用什麼標準來區別外道與內道呢？就是用有沒有皈依內道三寶來加以區分。

其次，皈依三寶是一切律儀所依靠的基礎，而且一切解脫道的根本也是皈依三寶。所以皈依了三寶，也就進入了佛教徒的行列，三寶就會保護與拯救他，一切障礙都不能侵犯他，而且在皈依的同時，他就捉住了解脫道的開端。皈依三寶有前面所說的各種利益，其他利益更是廣大無邊，仔細閱讀《華嚴經》等各種佛經，都有開示談到。

發菩提心

བྱང་ཆུབ་སྨོན་པའི་སེམས་བསྐྱེད་ནས། །ཟབ་མོའི་ལམ་ལ་འཇུག་པར་བགྱི།

蔣秋莫杯森介餒　灑莫朗剌菊巴幾

發起菩提願心已　應當入於甚深道

行者口中唸誦前述兩句，這兩個句子是開示發菩提心的內容。

首先，就發菩提心的動機來講，內心要思惟：「我要安置一切遍滿虛空的父母有情眾生，得到永遠穩固安樂的圓滿佛陀果位，而且爲了達成前述的目標，我應當趨入於修持甚深道，度母的各種實修法。」內心若能如同前述般思惟，就已經發起了殊勝的菩提心。

另外，所謂「發心」，意義就如同《般若現觀莊嚴論》說：「發心爲利他，欲求眞菩提。」內心想到爲了進行利益其他有情眾生的事情，所以我渴欲求得成就佛陀的果位。這種想法就是「發菩提心」的意義。

如果把前面所說的「發菩提心」加以分類，則有「願菩提心」與「行菩提心」兩種。在這裡，前面的第一個句子是發起願菩提心。

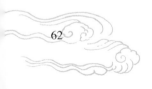

已經發起了「願菩提心」，接下來就要發起「行菩提心」。但是「行菩提心」並不僅僅只是在內心想到：「爲了進行利益其他有情眾生的事情，我希求要得到佛陀的果位。」「行菩提心」是以這個想法爲基礎，正式走上修行的道路，在行六度般若等道路上努力進行實修。如果再依據其他不同的說法：緣取其他有情眾生而自己的內心生起善心，這就是發起願菩提心。接下來正式進行利益其他眾生的事情，就是發起行菩提心，也有這種解釋。

「發菩提心」是大乘道的入門之處，也是大乘道的基礎，因此有這種說法：「大小乘門發心別。」意思是說，大小乘門的差別在哪裡呢？其實大小乘門的差別很多，例如對佛身的看法不一樣，小乘並不主張佛有法報化三身，所以沒有三身的理論。此外，成就佛果必須經歷三個無數劫的時間，這些諸多理論在小乘中並沒有，所以大小二乘的差異極大。如果只是從基本面、根本面來說，大小二乘的差別就是在於有無發起菩提心，因爲大乘的入門之處是發起菩提心，所以如果內心發起了菩提心，也就進入了大乘，當然就與小乘區別開來了。小乘並沒有說不要發菩提心，只是沒有大乘這麼廣大的發菩提心，由這個基本上所形成的差別，當然也就影響到後面，所以在修行道路上的禪修、在果位上，大小二乘之間都有很多的差異。

用發菩提心所攝持的所有善根，全部都能夠成爲證得佛果的因，而且這些善根在未來也將不會窮盡，反而會繼續增長。所做的任何利他的事情，也因發菩提心之故，而能成爲未來成就佛果的原因。

所以「發菩提心」實在具有無量的利益，而且是非常重要的。關於菩提心的各種修行方式，也因而顯得極爲重要了。所以無論哪一位大乘弟子，都應該好好重視菩提心的教法，並且把關於菩提心的禪修視爲自己禪修的核心。如果沒有菩提心，不要說無法進行其他高深的禪修，就算是進行了、修了，也只不過是東施效顰，畫虎不成反類犬罷了。

積資七支供

如同前面所說的，在修完了皈依與發菩提心之後，接著就需要在資糧田的尊前，以「積資七支」的方式來進行累積資糧。

頂禮

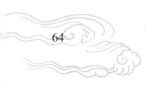

七支的項目中，首先是頂禮支：

རྗེ་བཙུན་འཕགས་མ་སྒྲོལ་མ་དང་། །ཕྱོགས་བཅུ་དུས་གསུམ་བཞུགས་པ་ཡི།

解尊帕瑪走瑪檔　卻糾堆孫修巴宜

尊德聖母度母與　安居十方三時之

།རྒྱལ་བ་སྲས་བཅས་ཐམས་ཅད་ལ། ཀུན་ནས་དང་བས་ཕྱག་འཚལ་ལོ།

賈瓦謝介湯介喇　棍餒檔偉恰岔羅

勝者偕子一切眾　普遍清澈予頂禮

首先，由誰來進行頂禮呢？也就是我與其他遍滿虛空的一切有情眾生們。接下來，要向誰進行頂禮？頂禮的對象是誰呢？是尊德聖母度母等等二十一尊，以及其他的壇城聖眾。所謂「十方」，是指四方、四隅與上下，總之就是指一切的處所。所謂「三時」，就是指過去時、現在時與未來時。

總而言之，頂禮的對象就是聖度母二十一尊，以及安居在十方三時之一切上師、勝利者，還有偕伴在勝利者佛身邊的勝子佛子菩薩們等等一切壇城聖眾們。我全部普遍地以身語意三門，恭敬且清淨、專一而對他們進行頂禮。

頂禮支是煩惱中「我慢」的對治法門。

供養

接下來，第二個項目是供養支：

མེ་ཏོག་བདུག་སྤོས་མར་མེ་དྲི། །ཞལ་ཟས་རོལ་མོ་ལ་སོགས་པ།

美墮篤播瑪昧吉　俠斜羅莫喇梭巴

鮮花薰香油燈塗　食物以及音樂等

།དངོས་འབྱོར་ཡིད་ཀྱིས་སྤྲུལ་ནས་འབུལ། །འཕགས་མའི་ཚོགས་རྣམས་བཞེས་སུ་གསོལ། །

思糾宜幾住餒不　帕昧摸浪斜暑梭

實設心意變化獻　聖母聚眾請納受

供養支如同前面所說的，獻供養的對象是尊德聖母度母等等二十一尊聖眾，以及安居在十方三時的所有勝者與勝子菩薩們。對於他們，一切無餘的壇城菩薩眾，我準備了真實的美麗鮮花、薰香等等盡其所有的一切供品。另外還有以心意變化出來的供品，例如遍滿虛空的美麗鮮花、芬芳的薰香、光亮的油燈、馥郁的塗香香水、甜美的食物，以及悅耳好聽的音樂等等。

用這些各種各類平日經常享用的供品、物品，還有三千大千世界中盡其所有的一切供品、物品，內心誠懇恭敬的敬獻供養給聖母尊德度母等等二十一尊，以及諸天聚眾。為了令我與一切有情眾生能夠圓滿資糧，因此內心誠懇地祈請供養諸天聚（諸佛菩薩）眾，出於大愛之心而納受一切供品物質。

供養支是煩惱中慳吝之心的對治法門。

懺罪

第三個項目是懺罪支：

ཐོག་མ་མེད་ནས་ད་ལྟའི་བར། །མི་དགེ་བཅུ་དང་མཚམས་མེད་ལྔ།

托瑪梅餒打大把　米維糾檔倉昧阿

無始以來直至今　十不善與五無間

།སེམས་ནི་ཉོན་མོངས་དབང་འགྱུར་པའི། །སྡིག་པ་ཐམས་ཅད་བཤགས་པར་བགྱི།

森尼扭蒙旺糾北　底巴湯介夏巴幾

心由煩惱所制之　一切罪業行懺悔

接下來，在殊勝資糧田壇城一切聖眾的尊前進行懺悔罪業。那麼，要懺悔誰的罪業呢？我與一切有情眾生所造的罪業。在何時所造的罪業呢？時間上是由無始輪迴以來一直到現在，生生世世一切時候。用什麼方式所造的罪業呢？就是身語意三門，「門」是指工具，或者說是方式，進行造業的活動，有用身體的動作而造業，也有用口講話而造業，甚至用內心的念頭而造業，所以任何所造的業，必定離不開身語意三門。

身語意三門所造的罪業，有哪些是要進行懺悔的呢？首先在身體方面，所造作的殺生、不予取與邪淫，這三個項目是身體的不善業。其次在口方面，所造作的妄語、兩舌、惡口與綺語，這四個項目是口方面的不善業。最後在內心方面，所造作的貪心、害心與邪見，這三個項目是心意方面的不善業。前面所述的十個項目，通常被稱爲「十不善」業。

要懺悔清淨罪業，除了前面談到的十種不善業，以及五種無間罪，就是殺死父親、母親、軌範師、阿羅漢和惡心出佛身血等五個項目，這是罪業之中最嚴重的。另外特別談到「無間」。所謂「無間」，是沒有中間的意思，這有兩種說法：一種說法認爲五種無間罪的果報，是將來要投生在無間地獄，而這個地獄是八熱地獄中最底層、最壞的處所，所以也是三界輪迴中最底層和最痛苦的處所。在無間地獄中受到的痛苦不可思議，而且痛苦不會中斷，在受苦的當下，連一分一秒的喘息、歇息時間都沒有，所以這個地獄被稱爲「無間地獄」，會投生在這裡的業，就被稱爲「無間罪」。另外一種說法是任何生命死亡後，都必須進入中陰階段，然後投生到下一世。如果是要投生在無色界，就沒有中陰，生命死亡後，立刻就到了無色界；如果是投生在無間地獄，也就沒有中陰，生命死亡的當下，立刻就到達了無間地獄，中間沒有中陰階段，所以這些業就被稱為「無間罪」。

總而言之，為什麼會造作前面所說的十不善業與五無間罪呢？是因為內心產生了煩惱，例如貪欲、憤怒、我慢、愚癡、瞋恚、嫉妒等等，內心受到這些煩惱的控制，才會造作並且累積很多罪業。如果內心沒有煩惱，便不會造作罪業。

所以在內心思惟：「由於那些內心的煩惱，被這些煩惱所控制，因而形成了果，也就是我造作並且累積了種種不善的罪業。前述一切煩惱，以及果報罪業，我就在當下立即誠懇地進行懺悔。」

如果內心有猛烈悔過的想法，又用對治四力門來進行懺罪，就一定可以淨除罪惡。如同有人說：「本來罪業無功德，然懺可淨為其德。」

懺罪支在總體方面，是作為罪惡的對治；在個別方面，主要是作為瞋恚煩惱的對治法門。

隨喜

第四個項目是隨喜支：

ཉན་ཐོས་རང་རྒྱལ་བྱང་ཆུབ་སེམས། །སོ་སོ་སྐྱེ་བོ་ལ་སོགས་པའི།

捻退朗夾蔣秋森　梭梭介窩喇梭北

聲聞獨覺與菩薩　個別異生等等眾

།དུས་གསུམ་དགེ་བ་ཅི་བསགས་པའི། །བསོད་ནམས་ལ་ནི་བདག་ཡི་རང་།

堆孫給瓦計薩貝　索浪喇尼達宜朗

三時善行任已積　福德予之我隨喜

在資糧田尊德聖度母聚集眾的尊前，對於其他所有眾生的善行，或者是福德善行的原因，以及由這些福德善行所生出來的增上生（三善道的果）與決定勝（解脫果位）等等一切安樂果報，我對於前面所述的一切，都發自內心而進行隨喜。

那麼我要隨喜的對象到底有哪些呢？首先是「聲聞獨覺與菩薩」，這是指能夠令三乘果位已經現前的聖者眾，對於他們的一切功德與福德，我都發自內心而進行隨喜。除此之外，還有尚未證得聖者果位的個別凡夫眾生，對於他們的一切福德善因與安樂果，我都發自內心而進行隨喜。

總而言之，前面所述的聲聞聖者、獨覺聖者、菩薩聖者，以及凡夫異生等等眾，他們全部在過去、現在與未來三時的時間，也就是在任何時候已經累積的善行、福德、功德、祥瑞、財富、健康與韶華等等，對於他人一切美好的功德，我的內心都非常歡喜而進行隨喜。

佛經中的開示有談到：任何時候，當我聽聞其他眾生行善業時，我的內心應該斷除對他產生嫉妒等不善的想法，同時應該發自內心深處，由衷地隨喜他的善行。這樣的隨喜，佛說可以獲得與他相等的福報。

隨喜支是嫉妒煩惱的對治。嫉妒煩惱不但對自己沒有任何利益，而且在沒有任何原因的情況下，反而會讓自己這輩子不幸福、不快樂，也是後世讓自己與其他眾生飽受諸種苦果的原因，對此實在需要謹慎小心。

請轉法輪

第五個項目是祈請轉動法輪：

སེམས་ཅན་རྣམས་ཀྱི་བསམ་པ་དང་། །བློ་ཡི་བྱེ་བྲག་ཇི་ལྟ་བར།

森間浪幾三巴檔　洛宜解札幾大瓦

有情諸眾之意樂　聰慧差別如何般

།ཆེ་ཆུང་ཐུན་མོང་ཐེག་པ་ཡི། །ཆོས་ཀྱི་འཁོར་ལོ་བསྐོར་དུ་གསོལ།

切瓊呑孟替巴宜　卻幾闊洛夠篤梭

祈請轉動大與小　共通乘門正法輪

我向什麼對象進行祈請呢？我發自內心誠懇地祈請佛陀、菩薩、上師、善知識等等眾。那麼是根據什麼道理而轉動法輪呢？就是依據所調伏的有情諸眾生們之勝解、意樂與聰慧的差別，依據其千差萬別的不同情形而轉動法輪。再來是轉動什麼內容的法輪呢？隨順眾生的各種差別情形，轉動適合他們的大乘與小乘，以及共通乘門等等各種各類的正法之輪。

接下來又問到：所謂「法輪」，「輪」字有什麼意義？「輪」字是用轉輪聖王的金輪作爲比喻，當轉輪聖王出現在世間時，由於他的福德威勢，天空自然降下金輪或是銀輪，由轉輪聖王隨意指揮。當轉輪聖王進入戰場時，金輪猛烈的旋轉飛向敵陣，在敵軍尚未投降前，輪轉不停，無堅不摧，銳勢沛然，不可抵擋，敵軍自然敗仗。同樣的，圓滿佛陀所開示的無上正法，進入內心與煩惱征戰的戰場，在煩惱未滅之前，正法道次第持續不停的輪轉，能摧滅一切煩惱。任何煩惱皆有其對治法門，源源不絕直至煩惱徹底滅盡，得到無上圓滿佛果。

因為佛陀的正法與金輪有諸多相同的道理，所以正法就被稱為「法輪」。請轉法輪是毀謗佛法的對治。

祈勿涅槃

第六個項目是祈請不入涅槃：

འཁོར་བ་ཇི་སྲིད་མ་སྟོང་བར། །མྱ་ངན་མི་འདའ་ཐུགས་རྗེ་ཡིས།

闊瓦幾細瑪東巴　良恩米達免介宜

直至輪迴未空間　祈請不入於涅槃

།སྡུག་བསྔལ་རྒྱ་མཚོར་བྱིང་བ་ཡི། །སེམས་ཅན་རྣམས་ལ་གཟིགས་སུ་གསོལ།

篤阿甲措錦瓦宜　森間浪喇昔暑梭

尊悲垂顧沉沒於　痛苦大海有情眾

要向誰進行祈請呢？祈請佛陀、菩薩、上師、善知識等等眾，其中也許有幾位已經表示即將要進入於涅槃。

祈請什麼內容呢？我在此時發自內心深處誠懇地祈請面前一切聖眾：「直至輪迴尚未變成空之前，祈請尊身都不要進入涅槃的法界。」

依於什麼原因和目的，祈請聖眾們不入於涅槃？接下來就是祈請：「出於大愛的尊貴悲心，垂顧怙念沉沒於輪迴的痛苦大海，飽受苦苦、壞苦、遍行苦等三苦所逼迫的一切有情眾生們，並且安置我等有情眾生們能夠到達三善道和解脫佛果的果位。」

迴向

第七個項目是迴向支：

བདག་གི་བསོད་ནམས་ཅི་བསགས་པ། །ཐམས་ཅད་བྱང་ཆུབ་རྒྱུར་གྱུར་ནས།

達其梭浪幾薩巴　湯介蔣秋糾糾餒

任何我已積福德　皆成菩提之因已

།རིང་པོར་མི་ཐོགས་འགྲོ་བ་ཡི། །འདྲེན་པའི་དཔལ་དུ་བདག་གྱུར་ཅིག

林玻米拓走瓦宜　檢杯巴篤達糾計

祈願不需經長久　我成引領有情祥

進行了前面所說的累積資糧的七個支分後，就已經累積廣大的資糧，同時也淨治了無量的罪障，也就形成了廣大善根。由此所形成的一切善根，代表我自己與其他有情眾生，在三時之中任何一切時，已經累積了廣大無量善根福德。祈願這一切善根盡皆轉變成爲自己與其他一切眾生獲得菩提之因，然後不需要經過長久時間的耽擱，我就能夠成就引領一切有情眾生進入成佛道路之依怙、救度者、佛陀的果位。祈願在虛空仍然存在之際，我都能夠不斷地令有情眾生們獲得利益與安樂。

內心誠懇地唸誦前述詞句並進行迴向。

加持諸供品

在積資七支結束之後，就要進行加持諸供品：

ཨོཾ་བཛྲ་ཨ་མྲི་ཏ་ཀུཎྜ་ལི་ཧ་ན་ཧ་ན་ཧཱུྃ་ཕཊ།

嗡班札阿彌爾達袞札里哈那哈那吽呸

口中唸誦，並以甘露漩菩薩的咒語（去除污穢的咒語）加持諸供品，一邊唸咒，一邊灑甘露水。

ཨོཾ་སྭ་བྷཱ་ཝ་ཤུདྡྷོ་སརྦ་དྷརྨ་སྭ་བྷཱ་ཝ་ཤུདྡྷོ྅་ཧཾ།

嗡梭巴瓦修豆薩爾瓦達爾瑪梭巴瓦修豆杭

口中唸誦觀空咒語，內心因勝解已經淨治了執著、慳吝、不淨等諸種污垢。在口中唸誦上述諸咒語時，要灑除穢水，將外內一切諸實有法淨治成為空。

གནས་ཡུལ་པདྨོ་བཀོད་པའི་ཞིང་། །དབྱིབས་དང་རྒྱན་བཀོད་ཚད་མེད་པར།
聶玉貝莫貴北形　一檔檢貴切昧巴
處所蓮花莊嚴剎　形制莊嚴且無量

།ལྷ་རྫས་ཏིང་འཛིན་ལས་གྲུབ་པའི། །མཆོད་རྫས་བསམ་མི་ཁྱབ་པར་གྱུར།
辣賊丁津雷竹北　卻賊三米恰巴糾
天物等持所成就　供物難思議已成

口中唸誦上述詞句時，內心勝解空性狀態，眼前此一外在的禪修處所，並不是凡庸的房舍與泥土大地，而確確實實是尊德聖度母的聖地大樂蓮花莊嚴剎土（བདེ་ཆེན་པདྨོ་བཀོད་པའི་ཞིང་ཁམས）與無量宮。其外觀形制，以及飾物莊嚴等，皆十全十美。如果運用我們的認知能力，那是無法執取其度量與邊際的。所以從任何方向與邊際而言，都是無窮無盡的。

在大樂蓮花莊嚴剎土（度母的淨土）與無量宮，充滿了無漏天界的各類物品，另外還有以等持能力所成就的各種各類作為供養的物品，例如飲水、浴水、鮮花、薰香、油燈、塗香、食物與音樂等等。此外還有五妙欲、八吉祥徽、國王七寶、寶傘與寶幢等等。

總之，三有輪迴與寂靜涅槃難以思議的祥瑞，以及十全十美的各色供品都已形成，且在此完全齊備。

觀想供養品遍佈在整個虛空中，所有供養品確實呈現，然後唸誦供養咒：

ཨོཾ་བཛྲ་ཨརྒྷཾ།　པཱདྱཾ།　པུཥྤེ།　དྷཱུ་པེ།　ཨ་ལོ་ཀེ།　གནྡྷེ།

嗡班札阿岡　巴當　布貝　篤貝　阿洛給　更爹

ནཻ་ཝི་དྱ།　ཤབྡ་ཨཱཿཧཱུྃ།　ཨོཾ་བཛྲ་སྤ་ར་ཎ་ཁཾ།

聶威爹　夏達阿吽　嗡班札薩帕那拉康

供養咒的意思是：祈願飲水等等供養雲成爲無窮無盡。

接下來要供養四次曼達，首先要供養佛法僧三寶及諸佛菩薩。

迎請資糧田

如同前面所述，爲了作爲我進行頂禮以及敬獻供養曼達的對象，必須先進行迎請資糧田：

ཕྱོགས་བཅུ་དུས་བཞི་བླ་མ་རྒྱལ་བ་སྲས་དང་བཅས་པ་ཐམས་ཅད་མདུན་གྱི་ནམ་མཁར་བཛྲ་ས་མ་ཛཿ

秋糾堆昔拉瑪貫瓦謝檔借巴湯介敦幾朗喀班札薩瑪札

十方四時上師勝者等諸佛菩薩一切於前虛空　班札薩瑪札

首先要從何處迎請聖眾呢？就是先唸誦上述詞句，詞句的意思說明了所要迎請的聖眾們，是指安居在東、南、西、北等四方，還有安居在東北、東南、西南、西北等四隅，以及安居在上方、下方二處等等的壇城聖眾們。總之，就是安居在全部十方的壇城聖眾們。在時間上，則是安居在過去、現在與未來三時的壇城聖眾們（諸佛菩薩），這三者是屬於世俗諦的時間。另外，若就實相勝義諦空性而言，空性是離開一切時間的，而且不屬於三時，被稱爲「平等性時間」或「第四時」，所以也要迎請安居在平等性時間的壇城聖眾們。連同前述三時，一共爲四時，所以要迎請安居在四時的壇城聖眾們。

總之，要如前述般，迎請安居在十方與四時的壇城聖眾們。

那麼，由十方與四時所迎請來的對象是誰呢？就是迎請出於大愛悲心而對有情眾生們開示功過取捨之要處的上師、善知識們，以及能夠戰勝煩惱障與所知障，而且能夠打敗煩惱魔、五蘊魔、死亡魔、天子魔等四魔的勝利者，即是佛陀薄伽梵眾；另外還有勝利者所偕伴，經常陪伴在身邊的佛子菩薩眾們，以及聲聞眾、獨覺眾、阿羅漢等等。總之，需迎請前述諸位等等一切聖眾。

既然已經迎請了，那麼要在何處獻供養？將迎請來的全部聖眾都安住於我正前方虛空中的處所，之後對聖眾們獻上曼達的供養。

藏文的咒「班札薩瑪札」，即是迎請咒。在唸誦這個咒語時，內心要充滿信心、勝解心。勝解壇城聖眾們已經降臨了，而且就安居在我正前方虛空中的處所。

在內心極為專注下，再唸誦：

མ་ལུས་སེམས་ཅན་ཀུན་གྱི་མགོན་གྱུར་ཅིང་། །བདུད་སྡེ་དཔུང་བཅས་མི་བཟད་འཇོམས་མཛད་ལྷ། །

瑪呂森間棍幾袞菊錦　堆迭笨介米斜炯賊辣

成為無餘有情眾依怙　於諸無盡魔軍能摧天

དངོས་རྣམས་མ་ལུས་ཇི་བཞིན་མཁྱེན་གྱུར་པའི། །བཅོམ་ལྡན་འཁོར་བཅས་གནས་འདིར་གཤེགས་སུ་གསོལ། །

恩浪瑪呂幾形欠菊北　鐘滇闊介聶迪謝暑梭

如實通達無餘諸實有　祈請世尊攜眷降此處

།པདྨ་ཀ་མ་ལ་ཡེ་སྟྭཾ།

貝瑪噶瑪拉耶旦

再度唸誦迎請詞句，迎請世尊薄伽梵降臨此處。爲什麼要再度迎請呢？前面不是已經迎請過了嗎？一般而言，在了知所迎請對象的功德之下而進行迎請，就可看出對象的重要性，這個迎請必須發自內心，這是非常重要的，絕不是流於禮節儀式、虛應故事。前面雖然迎請了，接著還是要再唸誦迎請的對象，這表示迎請對象的重要性。

那麼，世尊薄伽梵有什麼功德呢？總體而言，功德是無量無邊的；但是歸納來說，就是身語意三門的功德。在此，只舉出心意的功德爲代表。

佛陀薄伽梵的心意功德有哪些呢？心意的功德也是無量無邊的；但是歸納來說，就是大愛、大勇與大智三項。

首先，在大愛方面的功德，就是佛陀薄伽梵能夠將仇敵、親屬、富貴、貧賤等等遠近的分別心與偏袒執著的私心，都遠遠的丟棄，所以能夠以無偏私的大愛利益有情眾生。因此就利他而言，因爲有大慈大悲大愛之心，就能夠成爲一切無餘有情眾生們的拯救者與依怙主。

接下來是大勇方面的功德，所謂「魔軍」，是指無形體的煩惱與我執兩種蓋障（煩惱障、所知障），以及有形體的惡魔與魔類軍隊等等。對於前述諸種無窮無盡的惡魔軍隊，佛陀薄伽梵都能夠完全摧滅。所以佛陀在自利與利他方面，是如此特別殊勝的本尊。

其次，在大智方面的功德，一切存在的諸實有法，也就是「一切萬法」，都有其不顯現的、安住在內部道理的部分，稱爲「住理（གནས་ཚུལ།）」，或稱爲「實情」，或者又稱爲「實相」。另外則有顯現出來的、可觀察且容易知道，屬於外部的道理，稱爲「顯理（སྣང་ཚུལ།）」。佛陀薄伽梵的大智，對於一切萬法的住理與顯理，都已經如理如實的通達，毫無錯誤。

具備了前面所述功德的佛陀世尊，攜同陪伴的眷屬等等眾，降臨於我於此處進行實修的處所。我以虔誠的信心、勝解心，專注的祈請：「祈請降臨，來到我敬獻供養的此一處所。」

口中唸誦前面所述祈請文並進行迎請。

所謂「貝瑪噶瑪拉耶旦」，意思是指「祈請安居在此蓮花座」。口中唸誦時，內心要思惟勝利者眾已經降臨於前方虛空，並且已正式安居在蓮花與綾羅的寶座中，座墊的上面是壇城。

敬獻第一次曼達

在前面所述一切聖眾的尊前，先敬獻累積資糧的七支供養，之後再敬獻第一次曼達。

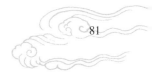

頂禮

首先是頂禮支：

ཇི་སྙེད་སུ་དག་ཕྱོགས་བཅུའི་འཇིག་རྟེན་ན། །དུས་གསུམ་གཤེགས་པ་མི་ཡི་སེང་གེ་ཀུན།

幾聶索達秋糾幾滇那　堆孫謝巴米宜星給棍

盡諸所有十方世間處　三時降臨一切人獅子

།བདག་གིས་མ་ལུས་དེ་དག་ཐམས་ཅད་ལ། །ལུས་དང་ངག་ཡིད་དང་བས་ཕྱག་བགྱིའོ།

達其瑪呂迭達湯介喇　呂檔阿宜檔偉恰吉偶

我於無餘一切彼等眾　身與口心清澈頂禮矣

（所有十方世界中　三世一切人獅子　我今頂禮盡無餘　皆以清淨身語意）

首先在頂禮支方面，誦文中所謂的「盡諸所有十方世間處」，意思是指「無量無邊的各個處所」。在過去、現在以及未來三時的時間中，過去已經降臨、現在正在降臨、將來即將要降臨、一切人中的獅子，意思是指「一切諸佛」。

例如萬獸之王。森林中，一切猛獸中最爲殊勝的就是獅子了。同樣的道理，「人中獅子」的意思是指「在人類之中最爲殊勝者」。這裡所談到的「三時諸佛」，意思是指「無餘一切諸佛」。

現在在修法的這個時候，我對於前面所述無餘三時諸佛一切眾，以身體、口以及內心等等三門，出於清淨的信心與恭敬心而進行頂禮。

身頂禮

接下來，個別以身門來進行頂禮：

བཟང་པོ་སྤྱོད་པའི་སྨོན་ལམ་སྟོབས་དག་གིས། །རྒྱལ་བ་ཐམས་ཅད་ཡིད་ཀྱིས་མངོན་སུམ་དུ།

嗓波最貝莫浪墮達眞　貫瓦湯介宜幾恩孫篤

以由普賢行願諸威力　心意親現一切勝利者

།ཞིང་གི་རྡུལ་སྙེད་ལུས་རབ་བཏུད་པ་ཡིས། །རྒྱལ་བ་ཀུན་ལ་རབ་ཏུ་ཕྱག་འཚལ་ལོ།

形其篤聶呂辣對巴宜　貫瓦棍喇喇篤恰岔羅

以盡剎塵身軀深鞠躬　於勝者眾深深頂禮矣

（身如剎土微塵數　一切如來我頂禮　皆以心意對諸佛　以此普賢行願力）

那麼要對何種對象進行頂禮呢？即是前面所述的，能夠戰勝惡魔與煩惱的一切勝利者諸佛。

其次，用什麼方法進行頂禮呢？就是所謂的「普賢行願」。以由普賢菩薩善好的行持、願望等等的諸種威力，自己實際親見一切勝利者眾也好，或者我以虔誠的心意，觀想在前方虛空的處所有一切勝利者眾，親自安居在前方虛空處。之後將自己的身軀，變化爲等同於盡所有世間界刹土的沙塵數量，如此一一在佛的尊前，我以至誠清淨無垢的心意，發自內心深處，深深虔誠地進行頂禮。

意頂禮

接下來，以心意進行頂禮：

རྡུལ་གཅིག་སྟེང་ན་རྡུལ་སྙེད་སངས་རྒྱས་རྣམས། །སངས་རྒྱས་སྲས་ཀྱི་དབུས་ན་བཞུགས་པ་དག

篤計丁那篤聶桑皆浪　桑吉謝幾玉那修巴達

於一塵上塵數佛陀眾　於諸佛子安住於其中

།དེ་ལྟར་ཆོས་ཀྱི་དབྱིངས་རྣམས་མ་ལུས་པ། །ཐམས་ཅད་རྒྱལ་བ་དག་གིས་གང་བར་མོས།

迭大卻幾英浪瑪呂巴　湯介賈瓦達其感瓦妹

如彼於諸法界盡無餘　一切勝解勝者眾充滿

（於一塵端如塵佛　諸佛佛子坐其中　如是法界盡無餘　我信諸佛悉充滿）

萬法的法性是甚深而且不可思議的，有謂「在一粒毫塵中，聚集著盡所有的塵數」，「塵數」的意思是指「無量數」，所以「與彼塵埃等同數量之佛陀眾」，意思就是指「無量數的佛」。有無量的諸佛，他們在佛子菩薩眾所圍繞的中間安居著。

諸法界是無邊無量的，在前面所述的盡無餘的法界一切處所中，我內心觀想有如前面所述一般無量數佛陀勝者與佛子菩薩眾們，充滿了虛空。

前面是內心生出相信與勝解，這就是內心的頂禮。

語頂禮（讚誦）

接下來是口誦讚文的頂禮：

དེ་དག་བསྔགས་པ་མི་ཟད་རྒྱ་མཚོ་རྣམས། །དབྱངས་ཀྱི་ཡན་ལག་རྒྱ་མཚོ་སྒྲ་ཀུན་གྱིས།

迭達阿巴米斜賈措浪　央幾演拉賈措眨棍幾

彼等可讚未盡大海眾　以諸聲調支分大海音

།རྒྱལ་བ་ཀུན་གྱི་ཡོན་ཏན་རབ་བརྗོད་ཅིང་། །བདེ་བར་གཤེགས་པ་ཐམས་ཅད་བདག་གིས་བསྟོད།

賈瓦棍幾永滇喇嘴錦　達瓦謝巴湯介達其對

虔誠唱誦勝者眾功德　我即讚歎一切善逝眾

（於彼無盡功德海　以諸音聲功德海　闡揚如來功德時　我常讚歎諸善逝）

或許有人會問：要向什麼對象頂禮？

所謂「善逝」，就是佛，是指所依靠的道路是快樂的道路，所前往的是快樂且究竟的果位。誰能做到呢？唯有佛陀勝利者眾，所以要對他們進行頂禮。

接下來要用什麼理趣進行頂禮呢？彼等善逝眾們，他們可被讚揚的甚深廣大功德，無論是如何的讚歎也未能窮盡，猶如大海一般廣大沒有邊際！

對於那些如同大海一般的眾多功德，我以悅耳動聽的諸種聲調的各類支分，猶如大海一般，無邊無際的種種美音，發自內心深處，虔誠地唱誦勝利者眾們的一切功德。

我即如同前面所述一般，讚歎一切善逝佛陀眾們。

供養

在供養支分方面，又可以分爲兩項：「有上供養」與「無上供養」。

有上供養

མེ་ཏོག་དམ་པ་འཕྲེང་བ་དམ་པ་དང་། །སིལ་སྙན་རྣམས་དང་བྱུག་པ་གདུགས་མཆོག་དང་།

美墮堂巴千瓦堂巴檔　細念浪檔久巴篤卻檔

上勝美花上勝之環鬘　鐃鈸諸等塗香殊勝傘

།མར་མེ་མཆོག་དང་བདུག་སྤོས་དམ་པ་ཡིས། །རྒྱལ་བ་དེ་དག་ལ་ནི་མཆོད་པར་བགྱི།

瑪昧卻檔篤播堂巴宜　賈瓦迭達喇尼卻巴吉

殊勝油燈上勝之薰香　敬獻供養於彼勝者眾

།ན་བཟའ་དམ་པ་དང་ནི་དྲི་མཆོག་དང་། །ཕྱེ་མ་ཕུར་མ་རི་རབ་མཉམ་པ་དང་།

那灑堂巴檔尼幾卻檔　切瑪鋪瑪理辣諒巴檔

上勝華服殊勝之香水　香末香囊等同如須彌

།བཀོད་པ་ཁྱད་པར་འཕགས་པའི་མཆོག་ཀུན་གྱིས། །རྒྱལ་བ་དེ་དག་ལ་ནི་མཆོད་པར་བགྱི།

貴巴切巴帕杯卻棍幾　賈瓦迭達喇尼卻巴幾

以諸莊嚴特別聖殊勝　敬獻供養於彼勝者眾

（以勝花鬘及塗香　及以伎樂勝傘蓋　一切嚴具皆殊勝　我悉供養諸如來）

（以勝衣服及諸香　末香積聚如須彌　殊勝明燈及燒香　我悉供養諸如來）

那麼要向什麼對象進行供養呢？就是向勝者與勝子菩薩聚集眾們。

要用什麼物品進行供養呢？各種各類上好的供養品，例如上等且殊勝美麗的花朵、用上等且殊勝的珍寶串連而成的環鬘、鐃與鈸等各類樂器，另外還有氣味馥郁芳香的塗香、用種種綾羅綢緞製成的殊勝傘蓋、能夠將室內照亮猶如白晝一般的殊勝油燈、天然以及用各種材料調配而成的上等殊勝薰香。以前述各種供品，我誠懇敬獻而供養於彼等一切勝利者諸眾們。

不僅如此，尚有既薄且柔軟、色彩多樣美麗的上等殊勝華服，氣味馥郁芬芳且類型多樣又殊勝的香水，以及用旃檀、紅花等製作而成的香末與香囊，高高堆疊起來，形狀等同如須彌山一般。

前面所述說的一切供品，全部都是乾淨悅意，莊嚴美麗，實在是特別神聖而且殊勝的供養物。我誠懇地以這一切供養品，敬獻供養於勝利者眾們。

無上供養

接下來是無上供養：

མཆོད་པ་གང་རྣམས་བླ་མེད་རྒྱ་ཆེ་བ། །དེ་དག་རྒྱལ་བ་ཐམས་ཅད་ལ་ཡང་མོས།

卻巴感浪辣昧賈切瓦　迭達賈瓦湯介喇仰妹

諸種供品無上極廣大　彼等於諸勝者亦勝解

།བཟང་པོ་སྤྱོད་ལ་དད་པའི་སྟོབས་དག་གིས། །རྒྱལ་བ་ཀུན་ལ་ཕྱག་འཚལ་མཆོད་པར་བགྱི།

嗓波最喇迭貝墮達其　賈瓦棍喇恰岔卻巴吉

於普賢行信心諸威力　於勝者眾頂禮獻供養

（所有無上廣大供　我悉勝解諸如來　以普賢行勝解力　頂禮供養諸如來）

爲什麼稱爲「無上」呢？與前面所說的供養有什麼不同？如果沒有不同，爲什麼還要加上這個項目呢？爲什麼在這裡可以敬獻「無上供養」呢？

勝利者的勝子菩薩眾們所敬獻的供品，以及他們用等持力與願望力所形成的諸種供品，全部都是至極殊勝完美的，再也沒有其他供物可以在這些供養品之上了，所以說是無上的供養。而且這些各類的無上供養品，又遍及在一切方向，且是持續而不中斷的，所以是至極廣大的。我發自內心，深信前述一切無上供養品，確實遍佈在前方虛空的一切處所中。

不僅如此，對於諸位一切勝利者們，我的內心也生起至誠的信心與勝解心。此外，我對於菩薩眾的諸種普賢行持，以及普賢菩薩的發願供養也以清淨的信心來行供養。

我用前面所說發自內心的勝解心、信心等等的諸種威力，對於勝利者眾們，我至誠地頂禮，同時敬獻各類的供養品。

懺罪

第三項是懺罪：

འདོད་ཆགས་ཞེ་སྡང་གཏི་མུག་དབང་གིས་ནི། །ལུས་དང་ངག་དང་དེ་བཞིན་ཡིད་ཀྱིས་ཀྱང་།

堆恰寫檔弟木汪其尼　呂檔阿檔迭形宜幾蔣

欲貪瞋恚愚痴所轉故　身體與口如彼以心意

།སྡིག་པ་བདག་གིས་བགྱིས་པ་ཅི་མཆིས་པ། །དེ་དག་ཐམས་ཅད་བདག་གིས་སོ་སོར་བཤགས།

底巴達其吉巴計企巴　迭達湯介達其梭梭夏

任凡所有我已造之罪　彼等一切我即各別懺

（我曾所作衆罪業　皆由貪欲瞋恚癡　由身語意亦如是　我皆陳說於一切）

或許有人問：在這裡是要懺悔哪些罪業呢？這些罪業又是以什麼方式造作的呢？既然罪業是不好的，爲什麼要造作罪業呢？

首先要了解爲什麼會造作罪業，那是因爲我們是凡夫俗子，對於煩惱和無明的對治力量都尚未形成，因此不能打敗煩惱。只有聖者的內心才有道諦與滅諦，而道諦就是煩惱障與所知障的直接對治力量。

就異生而言，經常懺罪、努力學法和禪修，都是非常重要的。因爲凡夫俗子的內心經常受到貪欲、瞋恚與愚癡等三毒煩惱所控制，所以我們很容易便造作各種罪業。如果不懺罪的話，這些罪業將來會成熟出各種各類不可思議的痛苦。

接下來，我們是以什麼方式造作這些罪業的呢？在三毒煩惱的控制下，我們用身體進行各種罪業的活動，以及口中說出各種罪業的話。另外又還有以自己的心意起了各種罪業的念頭，所以是以自己的身語意三門而造作各種罪業。

那麼，我們又是在哪些場合、情景下，造作這些罪業的呢？就如同前面所說，我們在三毒煩惱的控制下，以自己的身語意三門造作罪惡，或者是我們命令其他者進行造作，以及其他者已經造作了罪業，我們看到、聽到之後而隨喜，即使如此隨喜，也會令我們形成罪業。所以造作罪業是在三種情形下形成的，稱之為「自作」、「教他作」、「見作隨喜」。總之，在這三種情形下形成的罪業，我們都應當懺悔。

總而言之，我們內心受到三毒煩惱的控制，所以用身語意三門造作罪業，在這三種情形下形成的罪業，我們都要懺悔。那麼，這些罪業到底有哪些呢？就是殺生、不與取、邪淫等三種身的罪業；妄語、惡口、兩舌、綺語等四種口的罪業；貪心、害心、邪見等三種心意的罪業；另外還有五種無間罪等等。總之，前面所說各種類型的罪業，我立即依據個別類型的方式來進行懺悔。

隨喜

第四項是隨喜：

ཕྱོགས་བཅུའི་རྒྱལ་བ་ཀུན་དང་སངས་རྒྱས་སྲས། །རང་རྒྱལ་རྣམས་དང་སློབ་དང་མི་སློབ་དང་།

秋糾賈瓦棍檔桑皆謝　朗賈浪檔洛檔米洛檔

十方一切勝者與佛子　獨覺眾與有學及無學

།འགྲོ་བ་ཀུན་གྱི་བསོད་ནམས་གང་ལ་ཡང་། །དེ་དག་ཀུན་གྱི་རྗེས་སུ་བདག་ཡི་རང་།

走瓦棍幾梭浪感喇仰　迭達棍幾節暑達宜朗

有情一切福德亦於彼　彼等一切之後我隨喜

（所有十方一切勝利者與諸佛子　有學無學辟支佛　及諸佛子諸如來　我皆隨喜咸一切）

首先，隨喜什麼對象的善行呢？在隨喜的對象方面，就是安住在十方的一切勝利者，以及與佛陀心意相同的佛子菩薩眾，還有和佛陀的語功德並證的獨覺眾與聲聞眾。聲聞眾又分成有學眾以及無學的阿羅漢眾。

除此之外，隨喜的對象還有所有一切有情眾。

隨喜他們所作的什麼呢？所謂「隨喜」，意思是「隨其後而我內心喜悅」，如果隨喜罪業，這種隨喜便會令自己也形成罪業；如果隨喜善業，這種隨喜便會令自己也形成善業。因此在累積善資糧方面，無論如何都必須要隨喜善業。

總之，對於前面所述一切眾生們的福德，以及各種善根與果報安樂的部分，我追隨之後，內心亦感到萬分高興、歡喜。

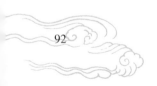

請轉法輪

第五項是敦請轉動法輪：

གང་རྣམས་ཕྱོགས་བཅུའི་འཇིག་རྟེན་སྒྲོན་མ་རྣམས། །བྱང་ཆུབ་རིམ་པར་སངས་རྒྱས་མ་ཆགས་བརྙེས།

感浪秋糾幾滇准瑪浪　蔣秋林巴桑皆瑪恰聶

彼諸十方世間諸明炬　菩提次第無貪得佛果

།མགོན་པོ་དེ་དག་བདག་གིས་ཐམས་ཅད་ལ། །འཁོར་ལོ་བླ་ན་མེད་པར་བསྐོར་བར་བསྐུལ།

袞波迭達達其湯介喇　闊洛辣喇梅巴夠瓦固

我於一切彼等依怙主　敦請轉動無上之法輪

（所有十方世間燈　以證菩提得無染　我今勸請諸世尊　轉於無上妙法輪）

有人問說：是爲了什麼目的而要敦請轉動法輪呢？那是因爲有情眾生們對於善惡取捨的關鍵和重點，實在是愚昧無知，所以內心被無明稠密的黑暗所遮蓋，導致生生世世在輪迴中持續不斷的流轉，飽受輪迴各類痛苦的逼迫。如果能夠聽聞正法，有情眾生們就可以知道如何取捨善惡，依之而行，也就可以脫離輪迴了。但是就聽聞佛法而言，首先必須要有善知識開示正法，否則要到哪裡聽聞呢？因此有必要敦請轉動法輪。

其次，要敦請什麼對象轉動法輪呢？就是那些安居在諸十方世間界一切各地處所中，能夠作爲有情眾生們的明亮大火炬，所有諸位勝利者眾們。這些勝利者眾們，能夠對前述有情眾生們開示無上的解脫成佛道路，而且也依照道次第的禪修逐漸晉昇菩提道之後，在究竟時無貪獲得了佛陀的果位。

我誠懇地對於一切前面所述說的依怙主們，出於內心誠摯地敦請佛陀薄伽梵眾，爲了利益被無明稠密黑暗所遮蓋的有情眾生們，大發悲心轉動至爲無上的聖教法輪。

不入涅槃

第六項是祈請不入涅槃：

མྱ་ངན་འདའ་སྟོན་གང་བཞེད་དེ་དག་ལ། །འགྲོ་བ་ཀུན་ལ་ཕན་ཞིང་བདེ་བའི་ཕྱིར།

兩恩達敦感斜迭達喇　走瓦棍喇片醒得威企

尊意示入涅槃於彼等　爲諸有情利益安樂故

།བསྐལ་པ་ཞིང་གི་རྡུལ་སྙེད་བཞུགས་པར་ཡང་། །བདག་གིས་ཐལ་མོ་རབ་སྦྱར་གསོལ་བར་བགྱི།

尬巴形其篤聶修巴仰　達其踏莫喇夾梭瓦幾

盡有剎塵之劫能駐世　我亦雙手合掌誠祈請

（所有欲現涅槃者　我皆於彼合掌請　唯願久住剎塵劫　為諸群生利安樂）

或許有人問說：這是要祈請什麼對象不入涅槃呢？就是諸佛、菩薩與上師善知識們。

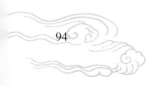

那麼是什麼樣的諸佛、菩薩與上師善知識們呢？當諸佛、菩薩與上師善知識們表示尊身即將進入涅槃時，那個時候，我就立刻對祂們進行祈請。

其次，要祈請什麼內容呢？

我發自內心深處，誠懇地祈請說：「爲了令在這個剎土中一切所調伏的諸有情眾生們，能夠生出暫時的利益，以及究竟的安樂，所以在等同於窮盡所有世間界一切剎土灰塵數量之劫數的期間裡面，祈請諸佛、菩薩與上師善知識們，您們的尊身不要進入涅槃的法界，希望您們能夠常久安住在這個世界上。」

所以我亦即刻雙手合掌，如同前面所述一般，內心出於強烈的信心與勝解，專注而虔誠地進行祈請。

迴向

第七項是迴向：

ཕྱག་འཚལ་བ་དང་མཆོད་ཅིག་བཤགས་པ་དང་། །རྗེས་སུ་ཡི་རང་བསྐུལ་ཞིང་གསོལ་བ་ཡི། །

恰岔瓦檔卻錦夏巴檔　節暑宜朗固醒梭瓦宜

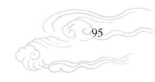

頂禮供養以及行懺罪　隨喜以及敦請並祈請

།དགེ་བ་ཅུང་ཟད་བདག་གིས་ཅི་བསགས་པ། །ཐམས་ཅད་བདག་གིས་བྱང་ཆུབ་ཕྱིར་བསྔོའོ།

給瓦鐘些達其計薩巴　湯介達其蔣秋企偶偶

些許善根任何我已積　一切我為菩提迴向矣

（禮拜供養及陳罪　隨喜功德及勸請　我所積聚諸功德　悉皆迴向於菩提）

或許有人會問：為什麼要進行迴向呢？

就大乘行者而言，主要的目標就是在進行眾生的事情。眾生的事情有哪些呢？就暫時方面，在輪迴中能夠投生在善道，避免三惡道猛烈粗暴的痛苦，稱之為「眾生暫時之利益」；其次，還有脫離輪迴得到解脫的果位，更進一步還有得到佛果，解脫或者是成佛，都是脫離了三界一切的痛苦，得到究竟久遠的安樂，稱之為「眾生之安樂」。大乘菩薩所進行的事情，唯有眾生的事情，也就是令眾生得到利益或者是安樂，除此之外，沒有絲毫自私自利的想法。

因此，就大乘菩薩而言，在最初階段發起菩提心，是為了進行有情眾生的事情；在中間階段行菩薩行持，也是在進行有情眾生的事情；在最後階段得到佛果時，仍然在進行有情眾生的事情。

所以大乘菩薩內心所想到的只有眾生，因此，當大乘菩薩不眠不休，努力使眾生得到利益與快樂，進行了這些眾生的事情之後，當然也就累積了廣大的善根。那麼這些善根是要自己保有嗎？還是要施給有情眾生呢？如果向菩薩問這個問題，答案當然是要施給有情眾生。原因就是前面所說過的：大乘菩薩內心所想到的只有眾生，沒有自私自利的想法。如果累積了善根之後，想要把善根據爲己有，一方面自己的我執會更加強烈，另方面也違背了菩薩最初發心的心態。

所以把善根施給眾生非常重要，因爲作了迴向，經由迴向所封印起來的善根，是不會被瞋怒等煩惱所破壞的，就像存在銀行的錢財不會被小偷、強盜偷走一樣。善根進行完畢之後，如果沒有作迴向把善根封印起來，善根就很容易被瞋怒等煩惱所破壞。尤其我們現在還是凡夫俗子，內心很容易爆發瞋怒等煩惱，內心絲毫都不能自主，善根也就更加容易被破壞了。

其次，另一個原因是因爲被迴向所封印的善根，即使成熟出安樂的果報，善根仍然是不會窮盡的。不但如此，善根還繼續增長增廣，一直到尚未獲得佛果之前，安樂的果報都會繼續成熟。例如存放在銀行的錢財會不斷生出利息，又例如蘋果樹，同一棵樹每年都會不斷生出果實。但是如果善根沒有被迴向所封印，一旦安樂的果報成熟出現了，善根也就窮盡了，以後再也不會成熟出果報。這種情形就好比將銀行的錢領出來花用，不要說沒有利息，連本金也花掉了；又例如芭蕉樹，果實成熟了一次後，根就枯萎，無法再生出果實了。所以迴向是非常重要的，而且是極爲必須的。

所謂「迴向」，字面上的意思是什麼呢？就本質而言，迴向就是一個發願。發什麼願望呢？在善根已經造作完畢、累積完畢了，雖然善根是我造的，但是我發了一個願望，指揮善根往眾生那邊去成熟，而不必在我這裡成熟，讓善根成爲眾生獲得佛果上的原因。所以是指揮善根轉向眾生，而不必來我這裡，要向眾生那邊去成熟，藉此幫助眾生成熟出暫時天人善道、究竟解脫成佛的果報，所以就稱之爲「迴向」。

那麼，用什麼善根來進行迴向呢？在勝利者的尊前，對一切勝利者眾進行頂禮、敬獻供養，以及進行懺罪。另外還有隨喜其他眾生的福德善根與安樂，以及敦請轉動聖教法輪，並且祈請尊身不入於涅槃而且恆常住世。

經由前面所述的善行，累積形成的些許微薄善根，凡是任何我已經累積的，用來代表我自己與其他眾生在現在、過去、未來等三時所累積的一切善行。就是運用這些善聚來進行迴向。

接下來要迴向什麼目標呢？爲了利益遍滿虛空的一切有情眾生，願我與一切有情眾生都能夠證得圓滿的菩提果位，因此之故我來進行迴向。

其次，迴向時要具備什麼道理來進行呢？要具備三輪最極純淨、空性勝慧的見地，在此見地的攝持下進行迴向。

如同前面所談到的，七支分的供養已經進行完畢之後，接下來就要向總體三寶敬獻曼達。首先要唸誦咒語：

向總體三寶敬獻曼達

ཨོཾ་ཨཱཿཧཱུྃ།

嗡啊吽

這個咒語代表三時一切諸佛的身語意，是諸佛身語意三者的「命咒」，或者稱為「種子字」來加持。

為什麼要唸誦這三個種子字？有什麼作用嗎？是要用此三字咒語來進行淨治、增長、轉化。這三項之中，首先「淨治」，是淨治自己心續中的「諦執」，內心執著我要敬獻的這些供品都是實際存在的，心中的這種想法，就稱之為「諦執」，這是有必要淨治去除的。其次「轉化」，就是把前面所說遍佈虛空的一切供養品，轉化成為甘露。所謂的「增長」，就是把供品增長到無量無邊，遍佈虛空，不會窮盡。

如果沒有唸誦諸佛的種子字來達到淨治、轉化、增廣的效果，就會成為只是以凡庸世俗之物來進行供養，以這些供品來供養諸佛，其利益效果可說是微乎其微。

用前面所說的方式，已經把供品加持完畢後，要敬獻的是什麼供品呢？

བདག་དང་མཐའ་ཡས་སེམས་ཅན་གྱི། །ལུས་དང་ལོངས་སྤྱོད་དགེ་ཚོགས་ཀུན།

達檔踏耶森間幾　呂檔攏最給措棍

我與無邊有情之　身軀受用諸善聚

།གླིང་བཞིའི་རི་རབ་ཉི་ཟླར་བཅས། །ལྷ་མིའི་ལོངས་སྤྱོད་བསམ་མི་ཁྱབ།

林希李辣尼達介　辣米攏最三米恰

四洲山王與日月　天人受用難思議

ཀུན་བཟང་མཆོད་པའི་སྤྲིན་ཕུང་ཆེ། །རྒྱུན་མི་ཆད་པར་སྤྲུལ་བྱས་ཏེ།

棍桑卻貝金彭切　均米切巴住節迭

普賢供品大雲堆　流續不斷變化已

要敬獻的供品有哪些呢？首先是身體，爲什麼要供養身體呢？因爲眾生將身體看成是至爲重要的，凡是以自己認定爲至極重要的物品來獻供，其福德將更加廣大；如果是以自己認定爲普通、不是如比重要的物品來獻供，其福德相對就比較微小了。

爲什麼眾生認爲身體非常重要呢？因爲所謂的「我」，並不是實際存在，而是施設所形成的。凡是施設者，就必須仰賴「施設基」，之後才有辦法進行施設。

施設是如何進行的呢？我們不斷思惟、胡思亂想的，就是我們的內心，凡夫的內心都是妄念，沒有本智。所以運用妄念的內心緣取施設基之後，把它界定、設定、認爲是「我」，所以「我」就是如此施設形成的。

我與一切有情都是如此，緣取各自的身軀之後，把它想像爲我，這個在我自己與其他一切無邊有情眾生的內心中，緣取作爲「我」者，內心想著：「這就是我」，如此作爲「施設基」的身軀，其實就是「我」，那當然是至極重要的，也是首先要敬獻的物品。

不只如此，另外還有執爲「我所」擁有的一切財富與受用物品，以及一切諸種類善根的積聚。此外還有東勝身洲、南瞻部洲、西牛貨洲、北俱盧洲等四大部洲與八小部洲，其數量共有百千萬數之多。

另外，還有一切所有羅列在三千大千世界之中的須彌山王，以及旭日、明月等等。此外還有天神、龍族與人類的祥瑞運勢、財富、受用等無窮無盡的部分。

然後我又以心意，將前面所述的一切都變化成爲難以測量的、不可思議的，就如普賢菩薩像雲朵堆蘊一般的供養品，至極廣大無邊。

以前面所述，由心意變化出已經形成的曼達諸供養品，要敬獻給什麼對象呢？

དཀོན་མཆོག་རིན་ཆེན་རྩ་བ་གསུམ། །ཆོས་སྲུང་ནོར་ལྷ་རྒྱ་མཚོ་ལ།

哀卻林千札瓦孫　卻松諾辣賈措喇

希勝珍寶三根本　護衛財神海會眾

要供養的對象，首先是佛陀、正法與僧伽三者，這是三類稀有而殊勝的珍貴寶。另外還有加持的根本爲上師、成就的根本爲本尊、事業的根本爲空行，這三者即是三根本。此外尚有白善品的天神、龍族等等護法與諸守衛眾，以及能夠賜予我與眾生無盡財富成就的財神們。

對於前面所談到的聚集諸眾，我要用什麼道理來敬獻供品呢？廣大獻供之後，希望得到有什麼成果呢？

གུས་པས་རྟག་ཏུ་འབུལ་བར་བགྱི། །བསོད་ནམས་ཚོགས་ཆེན་རབ་རྫོགས་ནས།

骨杯大篤不瓦幾　梭浪措千喇卓餒

予之恭敬常敬獻　福德大糧極圓已

།ཡེ་ཤེས་སྣང་བ་རྒྱས་པར་ཤོག

也謝浪瓦節巴秀

願智光亮最增廣

།ཨོཾ་གུ་རུ་དེ་ཝ་ཌཱ་ཀི་ནཱི་སརྦ་རཏྣ་མཎྜལ་པཱུ་ཛ་མེ་གྷ་ཨ་ཧཱུཾ།

嗡古魯得瓦札給尼薩爾瓦列那曼札喇布札昧噶阿吽

內心如此思惟並發願：「在無比殊勝的供養對象前，我以身語意三門出於信心與恭敬，在時間方面持續而不中斷，恆常進行敬獻諸種諸類供養品。用此方式，我已經累積了廣大的福德資糧，仰仗此廣大的福德資糧，更進一步祈願。祈願什麼呢？祈願我內心的實相了悟之智光，能夠照亮我的心續，此本智的光能夠照亮達到最爲廣大。」接著馬上唸誦供養曼達咒。

接下來，後面所謂「敬獻曼達後復灑穀物」，也就是呈敬曼達。

所謂「獻曼達」，是容易修行、利益極爲廣大，並且能夠迅速圓滿廣大福德資糧的方便法門。如同佛經開示：「有福之人心願成」，如果能夠精進於實修獻曼達，這一輩子就能夠獲得長壽、福報、祥瑞、財富、權勢、名望；不僅如此，心續中也會生出覺受、證悟、慈心、悲心、智慧。

功德利益

在來世能夠獲得什麼果報呢？就暫時方面來說，可以獲得增上生天人善道的幸福美滿，然後五道十地的證悟功德不斷輾轉增上；在最終究竟方面，福德資糧的圓滿即可獲得佛陀相好嚴飾的色身，而智慧資糧的圓滿即可獲得佛陀無漏本智性質的法身。因此，獻曼達的利益實在是難以思議的。

接下來，在壇城聖眾的尊前，要獻上所求事，也就是稟告所要求的事情。

ན་མོ།

南無

སངས་རྒྱས་ཆོས་དང་དགེ་འདུན་དང་། །བླ་མ་ཡི་དམ་མཁའ་འགྲོ་དང་།

桑皆卻檔耿敦檔　拉瑪宜堂康走檔

佛陀正法與僧伽　上師本尊與空行

།ཆོས་སྐྱོང་ནོར་ལྷ་གཏེར་གྱི་བདག །ཡེ་ཤེས་གཅིག་གི་ངོ་བོ་ལས།

卻松諾辣迭幾達　也謝計其偶窩雷

護衛財神寶藏主　由一本智之本質

།རང་བཞིན་མ་འགགས་ཅིར་ཡང་སྟོན། །ཐུགས་རྗེ་ཕྲིན་ལས་རྨད་པོ་ཆེ།

朗形瑪尬計仰敦　兔介青列昧波切

自性不滅任示現　大悲事業最奇罕

།འགྲོ་ཀུན་སྐྱབས་དང་མགོན་གྱུར་པ། །མཁྱེན་བརྩེའི་བདག་ཉིད་ཁྱེད་རྣམས་ལ།

走棍駕檔袞菊巴　千這打匿切浪喇

成爲有情救依怙　智愛之主於尊眾

།ཕྱག་འཚལ་སྙིང་ནས་སྐྱབས་སུ་མཆི། །ལུས་དང་ལོངས་སྤྱོད་མཆོད་པ་འབུལ།།

恰岔林餒駕暑企　呂檔攏最卻巴不

頂禮衷心而皈依　敬獻身體受用供

བདག་དང་མཐའ་ཡས་སེམས་ཅན་རྣམས། །རྟག་ཏུ་ཐུགས་རྗེས་སྐྱབས་མཛད་གསོལ།

達檔路耶森間浪　大篤兔介駕賊梭

祈請常以悲心救　我與無邊有情眾

།ནད་དང་གནོད་པ་ཞི་བ་དང་། །ཚེ་དང་བསོད་ནམས་འཕེལ་བ་དང་།

餒檔聶巴息瓦檔　切檔梭浪佩瓦檔

疾病傷害皆止息　壽與福報皆增長

།བསམ་པའི་དོན་རྣམས་མ་ལུས་ཀུན། །ཆོས་བཞིན་འགྲུབ་པར་བྱིན་གྱིས་རློབས།

三杯敦浪瑪呂巴　卻形竹巴錦幾洛

所思事情盡無餘　如法成辦予加持

首先，要向什麼對象獻上所求的事情呢？在前面所唸誦的誦文中，就內容來說，首先表明了祈請的對象。其中所謂的「南無」，是印度語，意思是「頂禮」，也是皈依之意，表示在要進行祈請之前，要先頂禮。

頂禮三寶與三根本

頂禮的對象，就是祈請的對象，也就是佛陀、正法與僧伽三者，亦即「三寶」。此外還有「三根本」，也就是上師、本尊、空行。

「上師」是指對我與有情眾生開示善惡取捨之關鍵重點者，同時也是擁有殊勝智慧愛心的功德者。「本尊」是指諸佛隨順所調伏的有情眾生，化現出對方能拜見、能觀修、有形體的身體形貌，這樣才能夠利益這位有情。否則所謂的「佛」，是指佛陀的法身，是無形體、無相貌的，眾生無法拜見，也無法觀修，也就無法利益有情眾生。《金剛經》中談到：「若人以音聲求我，是人行邪道，不能見如來。」這裡指的就是佛陀的法身。

所以爲了進行渡化某些類型眾生的事情，佛就會示現出眾生所喜歡的形體，運用這個形體去幫助有緣的眾生，而不是用法身去利益眾生。

本尊的意思是我依止祂觀修，成爲我個人的「本尊」，因爲是「我本人發誓要禪修的本尊」。有時又稱本尊爲「增上天」，「增上」的意思是「特別」，也就是我特別選擇了與我有特殊因緣且殊勝的菩薩，發誓要依止禪修的菩薩。其他菩薩，我未得到過灌頂、沒有發誓要禪修的，就尊稱爲菩薩眾，並不是我主修的本尊。有特殊因緣的主尊才是自己的本尊。

接下來談到「空行」，意思是指諸位瑜伽母眾，能夠作爲行者在修行、學習佛法時的助伴，同時也是護法，並擁有在成辦事業方面所必須齊備的世間法成就、出世間法的證悟能力，亦能幫助去除修行者的一切障礙。

另外還有白色善品的善神，能保護正法的諸位護法，以及諸守衛神，能夠賜予行者財物方面諸種成就的夜叉、財神，對於正法與財物等寶藏，肩負有保管、看顧諸位的守衛主眾們。

前面所述的一切壇城聖眾們，有什麼特別的功德嗎？爲什麼我要祈請他們呢？在特別功德方面，就是我所祈請的壇城聖眾們，從法界眞如本智方面來說，都是同一本質，但是任何外表的形貌都是可以示現出來，因此，可以出現種種形貌的色身。不僅如此，壇城聖眾們的大悲心、能力與事業各方面，也都是最爲奇異、稀有的。

因爲前面所述的各種原因，所以壇城聖眾們才能夠成爲一切有情眾生們的救度者與依怙主，壇城聖眾們都擁有通達諸實有法的無量本智，並且擁有關愛心、大悲心。因此對尊貴的諸佛菩薩壇城聖眾們，我等有情先進行恭敬的頂禮，然後出於衷心進行皈依。

皈依之後呈獻供養，也就是隨後恭敬獻上身體、財富受用、善根與諸種一切供養品。內心誠懇清淨的供養，祈請諸佛菩薩歡喜納受。

之後進一步祈請尊貴的諸佛菩薩壇城聖眾們：「祈請聖眾們能夠恆常以大悲之心，救度我及皈依的行者，與眾施主們等等諸位有緣眾，令我們都不會離開，不會越出救度保護的牆院。另外，自他眾生的逆緣、疾病與各種阻礙、傷害等等，也祈請聖眾們令其全部盡皆止息。還有壽命與福報，財物、受用、祥運、勝慧、信心、悲心等等一切順緣令其增長增廣。」

還要再度祈請：「祈請聖眾們，我與有情眾生們內心一切所思惟而欲求的諸種事情，全部盡皆成辦，並且一切所欲求的事情，在心意與加行方面，完全不摻雜不善業、罪業，全部都是隨順正法、如法的。因此敬請聖眾們賜予加持，令一切事皆如意圓滿！」

如同前面所說一般，一心專注誠懇，祈請所求諸事。接著要向尊德聖度母三次敬獻曼達與供品，同時唸誦讚歎文。

在進行這一切之前，要先觀想自己生起為尊德聖度母身，由聖度母的形貌去供養聖度母，去讚歎聖度母。原因是因爲必須先與本尊具相同的緣分，才可以去供養本尊。如果以凡庸之身去供養本尊，利益是微乎其微的，也不能快速圓滿資糧，但是若由本尊供養本尊，就能夠迅速圓滿資糧。

同樣的道理，在求取灌頂時也是一樣的，必須先觀想自己生起爲本尊身，才可以接受灌頂；如果是凡庸的身體，就不能接受灌頂，因爲不能把純淨的加持放入不淨的器皿內，所以必須先生起自己爲本尊身，然後才可以得到灌頂與加特，這和由本尊去加持本尊，效果是極爲迅速的道理一樣。這是密咒乘被稱爲「捷速安樂道」的原因之一。

在獻供養時必須先加持供品，用凡庸的供物來獻供，其利益也是鮮少的。那麼如何才能夠迅速圓滿資糧呢？首先要先加持供品，將其轉變成爲無漏甘露後再敬獻。但是以我們凡庸之身並不能加持供品，所以自己要先生起爲本尊身，然後再加持供品。因爲供品殊勝之故，也就能迅速圓滿資糧。因此，所獻供養對境是佛，獻供者自己也是佛，供品是最上無漏甘露，密咒乘門的獻供具有這三種特色，才能夠迅速圓滿資糧，這是其中的重要關鍵。

關於生起菩薩，在修法的這個段落，自己並非現在如此凡庸的身軀，而是以心意緣取菩薩，令其明晰現出，因此稱之爲「觀想」。

觀想的方法有兩種：（一）依照次序觀想種子字與座墊等等，（二）刹那頓生。後者刹那頓生的方式，就是在一刹那之間進行觀想。但是無論用哪一種方式來觀想，首先必須將自己的身軀、處所、房舍等等，對境淨治爲空性。將空性作爲所緣的對境，如果緣空能夠達到堅固的程度，觀想菩薩就會相當容易了。

三種清淨

觀想菩薩時，在生起次第的理論中，有所謂「三清淨」理論。其中第一項稱爲「我慢堅固」，雖然在修生起次第的儀軌中，觀想自己是某一位菩薩，同時內心一定要思惟：「我確確實實就是那位菩薩」，在這個思惟之下，內心執取本尊身作爲所緣，稱爲「我慢堅固」。

第二項稱爲「外貌明晰」，在緣想菩薩時，菩薩的聖身體態、聖容形貌、手臂的姿勢與飾品、手中所持的法器樣式等等，全部都不能紊亂的在內心明晰現出。

第三項稱爲「念純淨義」，觀想菩薩時，內心要先明白了解菩薩的聖容姿勢，以及所穿戴的飾品、所持的法器樣式等等，這一切的主要原因是什麼？所表示的純淨究竟意義又是什麼？要先學習並了解這些，在觀想菩薩時，必須憶念這一切的清淨涵義。

例如，爲了調伏殘暴者及瞋恚者，菩薩就顯現忿怒相的形貌；爲了調伏愚癡者，其對治方法就是本尊顯現爲動物的頭顱等等。所以應該要了解，菩薩的各種形貌，其實是作爲調伏有情眾生的各種方便。

接下來在觀想菩薩時，菩薩、聖容、手臂等等的觀想雖然不是那麼明晰，但是內心以強烈勝解心而觀想，也是可以的。

觀想菩薩時，其必要性並不是僅僅只爲了欲求得到菩薩的加持，主要的用意應是在於淨治自己心續中的煩惱與凡庸情器的所顯與耽著。因此，仰賴此一方便法門，在未來才能夠成就佛果的色身。

རང་ཉིད་སྐད་ཅིག་དྲན་རྫོགས་སུ། །རྗེ་བཙུན་འཕགས་མའི་སྐུར་གསལ་བའི།

朗匿給計檢卓暑　姐尊帕昧固薩偉

自己剎那圓念間　明現尊德聖母身

།ཐུགས་ཀར་ཟླ་སྟེང་ཏཱཾ་ལྗང་ཁུ། །དེ་ལས་འོད་ཟེར་དཔག་ཡས་འཕྲོས།

免尬打滇當講庫　迭雷偉謝爸耶翠

心間月上當綠色　由彼射無量毫光

།འཕགས་མ་རྣམ་འཕྲུལ་ཉེར་གཅིག་དང་། །དཀོན་མཆོག་རྒྱ་མཚོ་སྤྲིན་འཁྲིགས་པ།

帕瑪浪促聶計檔　棍卻貫措金替巴

聖母化現廿一尊　三寶海會雲密佈

།མདུན་གྱི་ནམ་མཁར་སྤྱན་དྲངས་གྱུར།

敦幾朗喀間卓糾

於前虛空已迎請

生起本尊身

要如何生起本尊身呢？修法時，自己要生起爲清淨本尊身，外在一切萬法也必須認爲是清淨所顯。那麼，在內外萬法清淨之下而修法，與諸佛本智所見相同，不論是淨治罪障或累積資糧，感應道交至極迅速，因此密咒乘門又稱爲「捷速安樂道」，這也是原因之一。

接下來，在自己生起爲本尊身時，首先必須將對境與內心兩者所包括的一切萬法，全部淨治而成爲空性，然後再由前面所述的空性狀態，自己內心一剎那間憶念本尊，在憶念圓滿結束的一剎那間，自己就在那一剎那間，明晰現出爲本尊的完整圓滿聖身，也就是三時一切勝利者事業總集的尊德聖母綠度母。

聖度母尊身的膚色是鮮綠色，也就是成所作智（亦即佛的五智當中不空成就佛的智慧）的神采（也就是說，所有諸佛菩薩事業的功德顯現）。

其次，外在的形貌方面，聖度母有一面及兩隻手臂，聖容莊嚴美麗，面帶微笑，口中散發出青蓮花的香氣。右手結勝施手印，表示如果有情眾生在內心具足信心並誠懇祈請，聖母就能夠救度其脫離一切不順利、傷害等恐懼；左手放置在胸口前面，以拇指及無名指捻著青蓮花的花梗，青蓮花的花朵則在聖母左耳旁邊盛開綻放。

聖母尊身是二八韶華年輕的體態，擁有佛陀的三十二相與八十種好作爲嚴飾，具足嬌麗神韻，胸前雙乳渾圓豐滿，極爲莊嚴。

另外還有用各種各類珍寶製作而成的佛冠、耳環等飾品作爲裝飾，肩上還有青色披肩，下半身有以花色綾羅綢緞製成的下裙。頭髮烏黑油亮，右足略微向外伸展出去，左足卻是向內蹺縮，以半跏趺坐姿安居在蓮花座上面，背後則有皎白的圓月作爲靠背。

行者自己生起爲本尊身之後，接下來要進行獻曼達供養。但是在供養前，要先迎請聖母降臨，作爲獻供養的對境，以此作爲資糧田。所以正如前面所述，供者行者自己是佛，所供對境資糧田也是佛。

迎請降臨

要如何迎請聖度母降臨呢？首先觀想自己成為聖綠度母，心間有一個圓圓的月輪作為座墊，座墊上方有聖度母的種子字綠色當字（ཏཱཾ），由這個種子字當字（ཏཱཾ）放射出無量無邊各種顏色的毫光，毫光的尖端有如鉤子形狀一般。觀想此萬丈毫光已迎請了尊德聖度母，聖母又化現二十尊，總共有主眷二十一尊。不僅如此，還有十方三時一切勝利者菩薩等等三寶海會聖眾，如同天空雲堆一般，層層疊疊地密佈群集，降臨於前方虛空的處所。

接下來，行者已經生起為本尊身後，以本尊的形貌，內心出於勝解恭敬，在一心專注之下祈請降臨：

ཏཱཾ།

當

སྐྱེ་མེད་འོད་གསལ་ཆོས་སྐུའི་དབྱིངས། །འགགས་མེད་འཕགས་མའི་ཡེ་ཤེས་སྐུར།

介昧偉薩卻固英　噶昧帕莫也謝固

無生光明法身界　不滅聖母本智身

།གང་འདུལ་སྒྱུ་འཕྲུལ་དྲྭ་བར་ཤར། །ཚུལ་གཤེགས་ཨཱརྱ་ཏཱ་ར་ཇེ༔

感讀久促札瓦夏　促謝阿雅達拉札

隨伏現爲幻化網　蒞此阿雅達拉札

首先觀想出現一個「當」字（ཏཱཾ），這是度母聖號之命咒種子字，在起始開頭時就誠懇口呼度母聖號：「度母啊！」

接下來談到勝義諦的無生法界，亦即空性。勝義諦、無生、法界、空性都是同義詞，但是除了空性之外，是否皆是空空洞洞、什麼都沒有，猶如空洞的天空一般。不是的，並非如此。那麼，還有什麼嗎？前面是「本質爲空」的部分，此外，還有「自性光明」，這是能顯現出來的部分，有時候稱之爲「世俗諦」。前述勝義諦無生空性與世俗諦自性光明，兩者是雙運結合在一起的，不能單獨分開，這即是「雙運大悲周遍」。法身的性質即是本質空、自性明、大悲周遍三個項目，「本質空」是法身，「自性明」是報身，「大悲周遍」是化身，這三身不能單獨分開。

所以在聖度母的無生空性法身界之內，仍然還有聖度母不滅的明分，此不滅的明分就示現出世俗諦本智的色身。於是隨順所調伏的有情眾生們，依他們的種性、根器、內心的勝解等個別差異，再度示現出無量無數的化身，身爲幻化網一般，無邊無際。

如同前面所述，祈請聖母度母的色身，顯空雙運的本智身，以及示現出與行者所觀修的完全相同的聖度母主眷眾，並且誠懇祈請蒞臨於行者修法的處所。

咒語「阿雅達拉」，意思是「聖度母」，亦即內心出於虔誠而口呼度母。「札」字則是召喚對象的咒語。

舉例來講，比如某某人呼喚朋友的名字，那麼，這位好朋友當然就會迅速前來了。同樣的，如果行者內心能夠以勝解、恭敬，誠心地進行祈請，呼喚本尊聖號，本尊諸眷屬聖眾一定會降臨修法的處所，這是法爾如是，自然如此，不必有任何懷疑的。

當所供資糧田聖眾們已經降臨後，接著就要祈請安居在寶座上：

བདག་དང་འགྲོ་ལ་ཐུགས་བརྩེའི་ཕྱིར། །ཉིད་ཀྱི་རྫུ་འཕྲུལ་མཐུ་ཡིས་ནི།

達檔走喇兔介企　匿幾久促兔宜尼

關愛我與眾生故　以尊神變大威勢

།ཇི་སྲིད་མཆོད་པ་བདག་བགྱིད་པ། །དེ་སྲིད་བཅོམ་ལྡན་བཞུགས་སུ་གསོལ།

幾細卻巴達吉巴　迭細鐘滇修暑梭

直至我敬獻供養　彼時世尊請安居

།པདྨ་ཀ་མ་ལ་སྟྃ།

貝瑪噶瑪拉當

祈請本尊主眷諸聖眾，出於內心強烈的大悲關愛，垂念我與諸有情眾生，以聖母度母本尊聖眾們的神變大威勢，讓我與諸有情眾生們的福德資糧與智慧資糧能夠圓滿，欣悅的納受我所敬獻的各種供品，故祈請佛陀世尊度母主眷諸聖眾們，恆常安居在寶座上。

咒語「貝瑪噶瑪」是「蓮花座」，「拉」的意思是「於」，「當」的意思是「請坐」，整個咒語的意思是「祈請安居在蓮花座」。在這個時候唸誦此一咒語，行者內心勝解度母主眷諸聖眾們已經內心欣悅而安居在蓮花座上了。

敬獻總體供養

接下來要先敬獻總體供養：

ཨོཾ།

嗡

དངོས་འབྱོར་ཡིད་ལས་བྱུང་བ་ཡི། །ཀུན་ཏུ་བཟང་པོའི་མཆོད་སྤྲིན་གྱིས།

恩糾宜匿炯瓦宜　棍篤桑波卻津幾

實陳由心所出之　普賢供養之雲朵

།ཆོས་དབྱིངས་རྒྱས་པར་བཀང་བྱས་ཏེ། །འཕགས་མ་སྒྲོལ་མ་འཁོར་བཅས་མཆོད།

卻英姐巴甘杰迭　帕瑪卓瑪闊介卻

廣大充滿於法界　供養聖母度母眷

ཨོཾ་ཨཱརྻ་ཏཱ་རེ་ས་པ་རི་ཝཱ་ར་བཛྲ་ཨརྒྷཾ། པཱདྱཾ། པུཥྤེ། དྷཱུ་པེ།

嗡阿雅達列薩巴里瓦拉班札阿岡　巴當　不貝　篤貝

ཨཱ་ལོ་ཀེ། གནྡྷེ། ནཻ་ཝི་དྱ། ཤབྡ་པྲ་ཏཱིཙྪ་སྭཱ་ཧཱ།

阿洛給　更爹　聶威爹　夏達札底岔梭哈

咒語「嗡」字是領頭字，有賜予加持之意。

首先，要敬獻的供品有哪些呢？有實際陳設的花朵、薰香與油燈等各種供品，還有有情一切眾生陳設出來無盡的供養品，以及外在整個器物世間作爲實際陳設的供品；不僅如此，還有由觀想，變化所形成、所顯現出的種種供養物品。前述一切供品，再經由諸佛的願望與等持大威之勢所加持，成爲如同普賢菩薩所敬獻的廣大供養雲朵一般。

普賢供養雲具有什麼特色呢？所謂的「法界」，是指「無邊無際」。觀想前面所述的一切供養品，都是廣大無邊無際的，也就是充滿於整個法界虛空界。

接下來要獻給什麼對象呢？唸誦各個供養咒語時，在咒語意義方面，「阿雅達列」是聖母度母，「薩巴里瓦拉」是與眷屬一齊，「阿岡」是飲水，「巴當」是洗濯之水，「不貝」是花朵，「篤貝」是薰香，「阿洛給」是油燈，「更爹」是塗香，「聶威爹」是食物，「夏達」是音樂，「札底岔」是個別納受諸供品，「梭哈」是奠定基礎，也就是祈願度母等諸佛菩薩歡喜納受我所供養的供品。

敬獻個別曼達

接著要敬獻個別曼達：

ཨོཾ་ཨཱཿཧཱུྃ།

嗡啊吽

།ཁམས་གསུམ་སྣོད་བཅུད་དཔལ་འབྱོར་དང་།། བདག་ལུས་ལོངས་སྤྱོད་དགེ་ཚོགས་ཀུན།

康孫聶糾巴久檔　打呂攏最給措棍

三界情器祥與財　我身受用善聚全

།ཐུགས་རྗེའི་བདག་ཉིད་རྣམས་ལ་འབུལ། །བཞེས་ནས་བྱིན་གྱིས་བརླབ་ཏུ་གསོལ།

免介打匿浪喇不　斜餒錦幾辣篤梭

敬獻大悲主尊眾　納已祈請賜加持

།ཨོཾ་སརྦ་ཏཱ་ཐཱ་ག་ཏ་རཏྣ་མཎྜལ་པཱུ་ཛ་ཧོ།

嗡薩瓦達他噶達列那曼札拉布札霍

「嗡啊吽」三字是一切諸佛身語意三門的種子字，但在此處是指：願一切諸佛身語意三門都能欣悅納受我誠心敬獻的各類供品。

那麼，我要敬獻什麼供品呢？在所要敬獻的供品方面，「三界」即是欲界、色界與無色界。在三界中的外在器物世間，另外還有內在一切有情眾生們無盡的祥瑞與財富等物品，以及與我個人生命及身軀、財富等受用與善根積聚等等。

接下來要供養給什麼對象呢？「將前面所述的一切供品，敬獻予主尊，也就是擁有智慧、大愛、大悲心的主尊聖度母，同時也敬獻予眷屬二十尊聖眾，並祈請主眷二十一尊壇城聖眾們，為了我等有情眾生們的利益與安樂之故，內心出於大愛而納受我所敬獻的供養品，既納受已，並且祈請賜予我等有情眾生您們的加持。」如前唸誦、思惟並敬獻供養。

咒語「嗡薩瓦達他噶達列那曼札拉布札霍」的意思是：

「薩瓦」是一切，「達他噶達」是如來，「列那」是珍寶，「曼札拉」是曼達，「布札」是供養，「霍」是希罕。咒語完整的意思是：敬獻此珍寶曼達予薄伽梵母尊德度母與諸佛菩薩聖眾，祈請欣悅納受供養。如此獻供諸佛，實在至爲奇罕。

已經敬獻初次曼達完畢之後，接著便要敬獻供養與讚歎。《二十一禮讚文》出自《讚歎王續》，是眾所周知的讚歎文。此處即以《二十一禮讚文》來讚歎尊德度母身語意的功德與事業。因此，內心需憶念禮讚文的意義，口中需唸誦兩次禮讚文。

唸誦完畢度母禮讚文後，接者又唸誦：

ཨོཾ།

嗡

དངོས་འབྱོར་ཡིད་ལས་བྱུང་བ་ཡི། །ཀུན་ཏུ་བཟང་པོའི་མཆོད་སྤྲིན་གྱིས།

恩糾宜匿炯瓦宜　棍篤桑波卻津幾

實陳由心所出之　普賢供養之雲朵

།ཆོས་དབྱིངས་རྒྱས་པར་བསྐང་བྱས་ཏེ། །འཕགས་མ་སྒྲོལ་མ་འཁོར་བཅས་མཆོད།

卻英姐巴甘杰迭　帕瑪卓瑪闊介卻

廣大充滿於法界　供養聖母度母眷

ཨོཾ་ཨཱརྻ་ཏཱ་རེ་ས་པ་རི་ཝཱ་ར་བཛྲ་ཨརྒྷཾ། པཱདྱཾ། པུཥྤེ། དྷཱུ་པེ།

嗡阿雅達列薩巴里瓦拉班札阿岡　巴當　不貝　篤貝

ཨ་ལོ་ཀེ གནྡྷེ། ནཻ་ཝི་དྱ། ཤབྡ་པྲ་ཏཱིཙྪ་སྭཱ་ཧཱ།

阿洛給　更爹　聶威爹　夏達札底岔梭哈

唸誦前文並敬獻總體供養，然後再接著唸誦：

ཨོཾ་ཨཱཿཧཱུྃ།

嗡啊吽

།ཁམས་གསུམ་སྣོད་བཅུད་དཔལ་འབྱོར་དང༌།། བདག་ལུས་ལོངས་སྤྱོད་དགེ་ཚོགས་ཀུན།

康孫聶糾巴久檔　打呂攏最給措棍

三界情器祥與財　我身受用善聚全

།ཐུགས་རྗེའི་བདག་ཉིད་རྣམས་ལ་འབུལ། །བཞེས་ནས་བྱིན་གྱིས་བརླབ་ཏུ་གསོལ།

兔介打匿浪喇不　斜餒錦幾辣篤梭

敬獻大悲主尊眾　納已祈請賜加持

།ཨོཾ་སརྦ་ཏཱ་ཐཱ་ག་ཏ་རཏྣ་མཎྜལ་པཱུ་ཛ་ཧོ།

嗡薩瓦達他噶達列那曼札拉布拉霍

唸誦前文完畢後，敬獻第二次的曼達。頌文的意義由前面所述就可以了解了。接下來唸誦以下的詞句，內心隨文而觀想：

ཕྱག་གཡས་མཆོག་སྦྱིན་ཕྱག་རྒྱ་ཉིད། །སྐྱབས་སྦྱིན་ཕྱག་རྒྱར་གྱུར་པའི་འོག

恰耶卻津恰嘉匿　駕津恰嘉久北偶

右手勝施之手印　轉爲救施印下方

།བདག་དང་སྲུང་བྱ་ཀུན་ཚུད་ནས། །འཇིགས་པ་ཀུན་ལས་དབུགས་དབྱུང་གྱུར།

達檔松嘉棍去餒　幾巴棍磊屋永菊

我與所護眾已入　離諸畏懼得寬慰

主尊尊德度母的右手結勝施的手印，行者內心起觀想心，觀想勝施印轉動而改變成爲救施的手印，然後尊德度母將手印放置在我與諸位有情眾生們的頭頂上。就在此時，觀想大家已經進入了尊德度母救施印的下方，已經受到了尊德度母的救護、救度，已經遠離了水災、火災、毒藥、刀劍、疾病、邪祟障礙等等災害，並且也遠離了輪迴惡趣的痛苦等一切災難。

總而言之，離開了一切諸種畏懼。因此，我們已經得到了尊德度母的護佑，獲得了安樂。也就是綠度母答應保護我們、加持我們的意思。

如同前面所述，內心如前思惟完畢後，接著再唸誦三次《二十一禮讚文》。讚歎頂禮後，接著供養獻曼達並唸誦：

ཨོཾ།

嗡

དངོས་འབྱོར་ཡིད་ལས་བྱུང་བ་ཡི། །ཀུན་ཏུ་བཟང་པོའི་མཆོད་སྤྲིན་གྱིས།

恩糾宜匿炯瓦宜　棍篤桑波卻津幾

實陳由心所出之　普賢供養之雲朵

།ཆོས་དབྱིངས་རྒྱས་པར་བསྐང་བྱས་ཏེ། །འཕགས་མ་སྒྲོལ་མ་འཁོར་བཅས་མཆོད།

卻英姐巴甘杰迭　帕瑪卓瑪闊介卻

廣大充滿於法界　供養聖母度母眷

ཨོཾ་ཨཱརྱ་ཏཱ་རེ་ས་པ་རི་ཝཱ་ར་བཛྲ་ཨརྒྷཾ། པཱདྱཾ། པུཥྤེ། དྷཱུ་པེ།

嗡阿雅達列薩巴里瓦拉班札阿岡　巴當　不貝　篤貝

ཨཱ་ལོ་ཀེ། གནྡྷེ། ནཻ་ཝི་དྱ། ཤབྡ་པྲ་ཏཱི་ཙྪ་སྭཱ་ཧཱ།

阿洛給　更爹　聶威爹　夏達札底岔梭哈

ༀ་ཨཿཧཱུྃ།

嗡啊吽

།ཁམས་གསུམ་སྣོད་བཅུད་དཔལ་འབྱོར་དང་།། བདག་ལུས་ལོངས་སྤྱོད་དགེ་ཚོགས་ཀུན།

康孫聶糾巴久檔　打呂攏最給措棍

三界情器祥與財　我身受用善聚全

།ཐུགས་རྗེའི་བདག་ཉིད་རྣམས་ལ་འབུལ། །བཞེས་ནས་བྱིན་གྱིས་བརླབ་ཏུ་གསོལ།

兔介打匿浪喇不　斜餒錦幾辣篤梭

敬獻大悲主尊眾　納已祈請賜加持

།ༀ་སརྦ་ཏཱ་ཐཱ་ག་ཏ་རཏྣ་མཎྜལ་པཱུ་ཛ་ཧོ།

嗡薩瓦達他噶達列那曼札拉布拉霍

在內心思惟前述頌文的意義，做完第三次獻曼達，再接著唸誦：

སྐུ་ལས་བདུད་རྩི་ཆུ་རྒྱུན་བབས། །རང་དང་སྲུང་བྱའི་སྤྱི་བོ་ནས།

固雷堆計秋君把　朗檔松皆基窩餒

尊身降注甘露流　由我所護之頭頂

།ཞུགས་ཏེ་ལུས་ཀུན་གང་བ་ཡིས། །བྱིན་རླབས་མ་ལུས་ཞུགས་པར་གྱུར།

修迭呂棍感瓦宜　錦辣瑪呂修巴糾

入已充滿全身軀　不餘加持已趣入

由尊德度母聖身的右足拇指尖端處，降注流下來甘露的水流，甘露的顏色是至極純白，且至極清澈，具有大悲加持力。

甘露水流經由我與其他所有被保護的有情眾生們的頭頂處，向身體內部注入，立刻充滿全身，洗淨了身軀的一切疾病、邪祟與罪障。一切諸罪障全都汩汩流出於身軀，隨後立即融入於大地。

具有加持力的大悲甘露已經充滿整個身軀後，尊德聖度母身語意的一切加持，已經進入於個人的相續了。

依前面所述的觀修，口中唸誦七次《二十一禮讚文》，隨後立即唸誦利益文「恭敬度母」等句。

結行敬獻朵瑪（食子）

接下來是結行敬獻朵瑪（食子）。首先要以淨穢水灑淨朵瑪，去除不清淨的東西。在製作朵瑪的過程中，也許諸種材料會沾染了污穢之氣，便不能用來敬獻供養，所以要先用淨穢水灑淨朵瑪。方法是先唸誦以下咒語：

ༀ་བཛྲ་ཨ་མྲྀ་ཏ་ཀུཎྜ་ལི་ཧ་ན་ཧ་ན་ཧཱུྃ་ཕཊ།

嗡班札阿彌利達衮札里哈那哈那吽呸

用乾淨清水加上唸誦甘露漩（甘露漩菩薩）忿怒尊咒語，就形成了淨穢甘露水，用甘露水灑淨朵瑪，此時已經去除了邪穢與阻礙，並且予以加持了。接下來唸誦：

ༀ་སྭ་བྷཱ་ཝ་ཤུདྡྷ་སརྦ་དྷརྨ་སྭ་བྷཱ་ཝ་ཤུདྡྷ་ཧཾ།

嗡梭巴瓦修達薩爾瓦達爾瑪梭巴瓦修多杭

唸誦前述咒語時，內心對食子等諸事物都無所緣取，一切萬法已經淨治成為空性了。

སྟོང་པའི་ངང་ལས་ཨོཾ་ཡིག་ལས། །རིན་ཆེན་སྣོད་མཆོག་ཡངས་པའི་ནང་།

東杯昂餒嗡宜雷　領千虐卻仰杯昂

由空狀態由嗡字　廣大勝寶器皿內

།འབྲུ་གསུམ་ལས་བྱུང་གཏོར་མ་ནི། །ཟག་མེད་ཡེ་ཤེས་བདུད་རྩིར་གྱུར།

主孫磊炯多瑪尼　灑昧也謝堆計菊

三字而出朵瑪者　已成無漏智甘露

行者內心對於朵瑪食子無所緣取，因此，萬法得以轉變成爲空性，然後再由前面所述的空性狀態，明晰現出咒語「嗡」字。再由嗡字，整個轉變爲用殊勝珍貴寶等物品製作而成的朵瑪器皿。

朵瑪器皿至爲寬闊，至極廣大，在器皿內部有咒語「嗡啊吽」三個字，此三字咒語又融化成爲毫光，再由毫光之中出現食子。之後再對此朵瑪進行淨、轉、增三個項目的淨化加持，如此一來，這個朵瑪的本質已經轉變成爲無漏本智的甘露了。

觀修完畢之後，再度唸誦：

ༀ་ཨཱཿཧཱུྃ༔

嗡啊吽

唸誦三次咒語，再唸誦供養食子咒：

ༀ་ཨཱརྱ་ཏཱ་རེ་ས་པ་རི་ཝཱ་ར་ཨི་དཾ་བ་ལིང་ཏ་ཁ་ཁ་ཁཱ་ཧི་ཁཱ་ཧི།

嗡阿雅達列薩巴里瓦拉宜堂巴林大卡卡卡嘻卡嘻

唸誦三次咒語後，再敬獻予主尊尊德聖度母。

關於咒語的意義：「阿雅」是聖者，「達列」是度母，「薩巴里瓦拉」是伴隨眷屬一起，「宜堂」是此，「巴林大」

是食子，「卡卡」是於口中，「卡嘻卡嘻」是請享用。

接下來，敬獻眷屬與眾賓客：

ཨོཾ་ཨ་ཀཱ་རོ་མུ་ཁཾ་སརྦ་དྷརྨ་ཎཱཾ་ཨཱདྱ་ནུཏྤནྣ་ཏྭཱ་ཏ། ཨོཾ་ཨཿཧཱུྂ་ཕཊ་སྭཱ་ཧཱ།

嗡阿噶若木康薩爾瓦達爾瑪南阿雅努邊那多達　嗡啊吽呸梭哈

在咒語的意思是：所謂「阿」者不生，爲一切法之門。

對於壇城聖度母諸佛菩薩等「一切」聖眾，以及六道「一切」有情眾生，我以朵瑪食子變化成爲色聲香味觸等供品物，用來進行獻供與布施，願此二資糧具足大威之勢。

陳請欲求之事

唸誦完畢後即敬獻供養，接著陳請欲求之事：

ཨོཾ།

嗡

མཆོད་སྦྱིན་གཏོར་མ་དམ་པ་འདི། །ཡེ་ཤེས་ཆེན་པོའི་རྗེས་དགོངས་ལ།

卻金多瑪堂巴迪　也謝千播杰鞏喇

供施殊勝此朵瑪　偉大本智隨垂念

།བདེ་བ་ཆེན་པོ་བཞེས་ནས་ཀྱང་། །དངོས་གྲུབ་མ་ལུས་སྩལ་དུ་གསོལ།

迭瓦千玻斜餒講　恩珠瑪呂炸篤梭

雖然已享用大樂　請賜不餘諸成就

我準備了至極上等殊勝的朵瑪，上供是用來供養資糧田壇城聖眾們，下施是用來布施給諸位賓客們。因此，祈請擁有偉大本智能力的壇城聖眾們與諸位賓客，在我等有情敬獻供施後，聖者即刻垂賜顧念於我等有情，而且聖者內心也歡欣享用無漏大樂的供施。

雖然已經享用完畢，但是請壇城聖眾們耐心聽我稟告所欲求的事情。

所欲求的事情是什麼呢？在殊勝的成就方面，就是在究竟上能夠獲得解脫與一切智的果位；在共通的成就方面，就是輪迴中暫時的長壽、增福、財富、名望等息增懷猛事業的成就。所以，享用完畢後，祈請壇城聖眾們賜予我等有情眾生們前述究竟上與共通上一切的諸種成就。

已經祈請完畢後，內心要觀想已經獲賜所要求的成就。

接下來在結行儀軌方面，以感謝大恩的方式而敬獻供養與讚歎。首先是敬獻供養：

ཨོཾ་ཨཱརྱ་ཏཱ་རེ་ས་པ་རི་ཝཱ་ར་བཛྲ་ཨརྒྷཾ། པཱདྱཾ། པུཥྤེ། དྷཱུ་པེ།

嗡阿雅達列薩巴里瓦拉班札阿岡　巴當　不貝　篤貝

ཨ་ལོ་ཀེ། གནྡྷེ། ནེ་ཝི་དྱ། ཤབྡ་པྲ་ཏཱིཙྪ་སྭཱཧཱ།

阿洛給　更爹　聶威爹　夏達札底岔梭哈

唸誦完畢後要敬獻飲水、洗濯水、花朵、薰香等。接著要敬獻讚歎。

敬獻讚歎

ཨོཾ།

嗡

སྣང་བ་མཐའ་ཡས་པདྨའི་རིགས། །འཇིག་རྟེན་དབང་ཕྱུག་ཞལ་ལས་བྱུང་།

浪瓦踏耶杯昧黎　幾滇旺秋俠雷炯

阿彌陀佛蓮花部　世間自在聖容出

།སངས་རྒྱས་ཀུན་གྱི་ཕྲིན་ལས་བདག །འཕགས་མ་སྒྲོལ་མར་ཕྱག་འཚལ་བསྟོད།།

桑皆棍幾青列達　帕瑪卓瑪恰岔對

一切諸佛事業主　頂禮讚歎聖度母

「阿彌陀佛」其義爲「無量光佛」。一切世間之怙主，而且是自在者，就是「觀世音」了。這兩位都屬於聖語蓮花部。

由大悲觀世音聖容的淚水流下，出現在這個世間，同時也是三時一切諸佛事業總集的主宰者，就是聖母尊德度母了。所以，我以虔誠之心而行頂禮，憶念聖度母的功德並進行讚歎。接著再度唸誦：

བསྟོད་པར་འོས་པ་ཐམས་ཅད་ལ། །ཞིང་རྡུལ་ཀུན་གྱི་གྲངས་སྙེད་ཀྱི།

對巴偉巴湯介喇　醒篤棍幾掌聶幾

於彼一切適讚歎　盡其所有刹塵數

།ལུས་བཏུད་པ་ཡིས་རྣམ་ཀུན་ཏུ། །མཆོག་ཏུ་དད་པས་བསྟོད་པར་བགྱི།

呂對也宜浪棍篤　卻篤迭杯對巴幾

身軀鞠躬且隨時　最勝信心行讚歎

我對於一切適合作爲我等眾生讚歎的對象，也就是十方三時一切的勝利者們，以及勝子菩薩眾們，我觀想自己的身軀已經變化成爲盡其所有世間之內一切微塵的數量，然後再以三門恭敬身軀鞠躬進行頂禮，不僅如此，還需隨時隨地以最殊勝的信心，讚歎諸佛菩薩。

祈請垂念與發願

內心生起勝解以及恭敬，出於猛烈虔誠之心，雙手合掌，首先向諸佛菩薩祈請垂怙念：

རྗེ་བཙུན་འཕགས་མ་འཁོར་དང་བཅས། །དམིགས་མེད་ཐུགས་རྗེས་བརྩེ་དགོངས་ལ།

姐尊帕瑪闊檔介　米昧兔介這鞏喇

尊德聖母與眷屬　無緣大悲愛垂念

།བདག་གིས་ཇི་ལྟར་གསོལ་བའི་དོན། །གེགས་མེད་འགྲུབ་པར་བྱིན་གྱིས་རློབས།

達其幾大梭瓦敦　給咪竹巴錦幾洛

我所如何祈請事　加持無礙而成辦

雖然壇城聖眾尊德聖母度母二十一尊，以及與相伴隨的眷屬諸佛菩薩眾的內心並無妄念，所以也無因進行緣取所形成的戲論，但是我等仍然祈請壇城聖眾們，以無緣的大悲心關愛我等眾生，並且祈求垂怙念。

祈請聖母怙念我所請求的什麼事情呢？凡是我以誠懇之心所祈請的一切事情，祈請壇城聖眾們賜予加持，讓這些事情都能夠在毫無阻礙下，稱心如意而成辦。

接下來是發願，首先是願佛陀聖教增廣：

སངས་རྒྱས་བསྟན་པ་དར་ཞིང་རྒྱས།། བསྟན་འཛིན་ཐུགས་མཐུན་ཞབས་པད་བརྟན།

桑皆滇巴達醒杰　滇津兔呑俠杯滇

佛陀聖教廣增揚　持教和睦足蓮固

།ཉེར་འཚེའི་བར་ཆད་ཀུན་ཞི་ཞིང་། །བཤད་སྒྲུབ་ཕྲིན་ལས་འཕེལ་བར་མཛོད།

聶切把切棍昔醒　謝珠青列佩瓦嚐

近害阻礙皆止息　講修事業令增長

爲什麼要先祝福佛陀的聖教廣弘呢？因爲毫無疑問的，無餘一切有情眾生的利益與安樂泉源，就是遍智勝利者佛陀的聖教珍貴寶了。因此，必須先祝福聖教珍貴寶廣大傳揚，進一步增廣遍及十方一切處所。

接著祝福以「閱讀聞思輪」、「能斷靜慮輪」、「所行事業輪」等三輪的方式維持佛陀聖教的持教士夫眾，全都致力於利益聖教與眾生的事務，所以不論他們安居在任何地方，祝福他們彼此之間都能夠互相扶持、和睦相處。同時也祝福弘法士夫們聖壽永固，能夠長久穩固的安居在這個世間。

另外，誠懇祝福我與眾修行者，在修法時所遭遇的一切傷害與阻礙，都完全止息而不存在。

「教言三藏」就是經藏、律藏、論藏三項，就教言三藏來講，弘揚的方式，就是必須進行講述與聽聞。「道三學」

就是增上戒學、增上定學、增上慧學三項，要予以弘揚，也必須對於道三學進行禪修。因此，誠懇祝福，願令聖教珍貴寶的講說與禪修等事業，都能夠由上向上的不斷增廣。

接下來要祝福這個世界快樂幸福：

ནད་མུག་འཁྲུགས་རྩོད་ཞི་བ་དང་། །ཆོས་ལྡན་དཔལ་འབྱོར་གོང་དུ་འཕེལ།

餒目促最昔瓦檔　卻滇班久鞏篤佩

疾病飢荒戰止息　具法祥富向上增

།ཆོས་སྐྱོང་རྒྱལ་པོའི་མངའ་ཐང་རྒྱས། །རྒྱལ་ཁམས་མཐའ་དབུས་བདེ་བར་མཛོད།

卻炯賈播阿湯杰　賈康踏玉迭瓦嘴

護法國王權勢廣　國家中邊令安樂

祈願祝福在這個世間界中，無有風病、膽病、涎病等等，總之，凡是屬於疾病的任何災病，以及飢渴貧乏的災荒、戰爭等傷害、障礙等災難，都能夠全部止息，消失得無影無蹤。

祈願在這個正法傳揚的國土之內，對於聖教具有信心的施主功德主們，在這個世間界之內，具一切祥運、財富、健康，且全都能向上增長。

祈願護持正法的國王、大臣們，以及對於聖教具足信心的各個團體，無論在權勢或地位各方面，一切都能更加增廣，平安順遂。

祈願在廣大的國家之內，東方、西方、中原、邊區等一切處所，所有百姓們的心續中都充滿了慈愛之心，同時令諸有情心續中能受用寂靜安樂的祥瑞。接下來，祈請救離畏懼與痛苦：

འཇིགས་པ་བཅུ་དྲུག་དུས་མིན་འཆི། །རྨི་ལམ་མཚན་མ་ངན་པ་དང་།

幾巴句珠堆民企　覓朗千瑪恩巴檔

十六畏懼非時死　凶惡夢境相兆與

།འཁོར་བ་ངན་སོང་སྡུག་བསྔལ་སོགས། །གནས་སྐབས་མཐར་ཐུག་འཇིགས་ལས་སྐྱོབས།

闢瓦恩松篤阿梭　聶尬踏兔幾雷救

輪迴惡趣痛苦等　救離暫時究竟畏

在這個世間，眾所皆知的十六種畏懼，造成大家驚慌不安，時常提心吊膽。這十六種畏懼就是：1.水災、2.火災、3.獅子、4.大象、5.蛇、6.食肉、7.鐵鎖、8.小偷、9.痲瘋病、10.飢荒、11.仇敵、12.落雷、13.國王責罰、14.無善友、15.諸事困頓、16.鬼怪等各種類型的傷害與畏懼。

除此之外，雖然壽量還有，卻仍然遇到意外災難而死亡，稱之爲「非時死」。還有夜晚的凶惡夢境、白天的凶惡徵相、徵兆等，總而言之，就是一切不吉祥的災害。後世投生在地獄、鬼道、旁生道等三惡趣，就會遭遇到諸種諸類的痛苦。無論從暫時方面，這輩子在身體上以及內心上所會遭受到的一切痛苦災難；還有從究竟方面，在輪迴處所會遭遇到一切粗細的痛苦畏懼等等，都包含在內。

所以，祝願、祈請壇城聖眾們，救度我等眾生們能夠脫離前面所談到的一切痛苦與畏懼。

發願能生起菩提心

特別要發願能生起菩提心：

ཚེ་བསོད་དབང་ཐང་ཉམས་རྟོགས་འཕེལ། །མི་དགེའི་རྟོག་པ་མི་འབྱུང་ཞིང་།

切索旺湯兩墮佩　米給墮包米炯醒

壽福權勢覺證增　不善妄念不生出

།བྱང་ཆུབ་སེམས་གཉིས་རྩོལ་མེད་སྐྱེས། །བསམ་དོན་ཆོས་བཞིན་འགྲུབ་པར་མཛོད།

講秋森匿捉昧介　三敦卻形竹巴嘴

二菩提心無勤生　如法願事令成辦

祝福我等有情眾生，在暫時的世間法上，這輩子生活中所需要的順緣，例如壽命、福報、祥運、名望、眷屬、權勢等等，都能夠向上增長，不斷地廣增。

不僅如此，在出世間正法的聞思修三方面，誠懇的祝福自己心續中能夠生出正法的諸多功德，不論在修行的覺受或證悟上，都能夠向上增長。

另外，在逆緣、障礙方面，自己內心的貪欲、瞋恚、愚癡、嫉妒、我慢、邪見、傷他者的害心，我誠懇地祝願這一切不善的想法，以及內心的妄念，都不會從我的內心生出來。

在順緣方面，特別是慈心、悲心、菩提心珍貴寶，世俗與勝義兩種菩提心，祝願在我與眾生的心續中，雖然無需仰賴極大的勤勞辛苦，但是慈心、悲心、菩提心等等過去內心尚未生出者，現在即刻能生起；現在已經生起者，希望不會受衰損；尚未受到衰損者，希望能更加進步，並且向上增長。

總之，在正法與世間法，凡是我所願求的一切事情，不僅與正法不相違背，而且如法所願求的一切諸事，誠願能夠令其如意而成辦。

願與度母不相離別

祝願我與尊德度母不相離別：

འདི་ནས་བྱང་ཆུབ་སྙིང་པོའི་བར། །བུ་གཅིག་པོ་ལ་མ་བཞིན་དུ།

底餒講秋林波巴　不計玻喇瑪形篤

今起菩提藏之間　猶如母親於獨子

།འབྲལ་མེད་ཐུགས་རྗེའི་སྤྱན་གྱིས་གཟིགས། །ཉིད་དང་དབྱེར་མེད་མཛད་དུ་གསོལ།

眨昧兔介間幾昔　匿檔葉昧賊篤梭

悲眼不離而看顧　請令與尊成無別

在時間上，也就是從今天開始，在我等有情眾生還沒有證得菩提藏佛陀的果位之前，祈願聖母猶如獨生子的父親與母親，日日夜夜都全心全意關愛並保護至愛的獨生子。祈請尊德聖度母與我等有情眾生不互相離別，常常以悲心之眼，看顧著我等有情眾生。祈請聖母在暫時方面作爲救怙者，在究竟方面則爲了進行一切眾生的利樂事情，令我等有情眾生能夠與聖母成爲無二無別，如此而獲得究竟佛陀的果位，之後就能夠進行種種令眾生獲得利樂的事業。

接下來以咒語敦請尊意相續：

མདུན་བསྐྱེད་འོད་ཞུ་རང་ལ་ཐིམ། །དབྱེར་མེད་ཉིད་དུ་བྱིན་རླབས་པས།

敦介偉修朗喇聽　葉昧匿篤錦辣貝

度母化光融入我　已加持成無別故

།རང་ཉིད་འཕགས་མ་སྒྲོལ་མའི་སྐུ། །སྣང་ལ་རང་བཞིན་མེད་པར་གྱུར།

朗匿帕瑪卓昧固　浪喇朗形梅巴菊

自己聖母度母身　已成顯而無自性

尊德度母本尊與眷屬等眾們，全部都融化成爲燦爛的毫光之後，又融入於我。經由這種方式，度母本尊已經加持了我的身語意三門，令我自己的三門與尊德聖度母的身語意三門成爲無二無別。

因此，我自己也轉變成爲尊德聖度母的聖身了。這個時候，要觀修前面所述的聖身雖然已經顯現出來了，也確實有形貌存在，但是卻無自性存在，這種情形就有如鏡子裡面的影像一般。

一心持咒

行者一心專注於度母聖身作爲所緣取的對境，接下來就要一心持誦度母十字咒語：

ཨོཾ་ཏཱ་རེ་ཏུཏྟཱ་རེ་ཏུ་རེ་སྭཱ་ཧཱ།

嗡達列都達列都列梭哈

咒語的意義是：「綠度母是救我離痛苦的度母。」

盡己所能的唸誦，這個咒語是聖度母的根本咒，也是一切明咒的王后，能夠賜予行者無餘一切成就。

就咒語的意義方面來講，「嗡」：「嗡者爲何義，給予殊勝財且具祥瑞好運善緣等，立誓言與吉祥義，持有寶珠說此咒。」意思是說：唸誦嗡字咒語，就能夠讓行者擁有殊勝的成就，還可以獲得錢財、受用、祥瑞、好運，以及善緣等等。

不僅如此，在觀想密咒乘教法時，「嗡」字是立下誓言，而且是能夠帶領出後面的咒語，還能使唸誦者得到吉祥。前述頌文中的「持有寶珠」，意思是說：「能生出一切需求之咒。」

「達列都達列」就是聖度母的名號。意思是救離痛苦的度母。

「梭哈」：「所謂梭哈說何義，能夠止息一切罪，能令善聚增向上，能奪一切之過失，最勝摧滅一切苦。」意思是說：「梭哈」咒語能夠止息窮盡一切罪業與蓋障，並令一切善根聚集且向上增長，還能夠趨離一切毛病過失的聚集，而令無毛病過失。不僅如此，在暫時方面與究竟方面的痛苦，「梭哈」咒語在摧滅者之中是最爲殊勝的。

雖然此處僅只有談到在唸誦此一咒語時，一心專注在緣取度母的聖身而唸誦咒語，但在其他專書另外又談到：

在聖度母心間有十瓣的青蓮花，蓮花上方有聖度母的根本命咒：綠色「當」（ཏཱཾ）字。「當」字的外圍有十字咒語圍繞，字面都朝向內部，朝右向排列，向左方旋轉，成順時鐘轉動，並朝十方放射出無量無邊的綠色毫光，在毫光之中出現無量的供養品，供養十方一切諸佛菩薩。之後收攝諸佛菩薩的一切大悲與加持，融入於自己。同時，無量無邊的綠色毫光再放射到一切六道有情眾生，觀想一切眾生的罪業、蓋障、過失、墮罪、疾病、邪祟、阻礙等等，全部都完全窮盡止息了。

如同前面所述一心觀想，所有一切情器世間都是至尊度母的佛身與剎土，並且觀修一切所顯、聲音、了知三者，全部都是度母、咒語、本智。在此情況下不斷的唸誦度母咒語，則一切皆能成辦所求之願望。

這種觀修法也齊備了密咒乘門的攝命四釘的觀想，確實是極為佳善的。所謂的「攝命四釘」，就是見地法性釘、觀想天尊釘、唸誦咒語釘與射收事業釘四個項目。

進行懺悔與補充

最後，在儀軌、咒語、等持各方面，也許有增添、缺損等等諸種過失，所以應該對這些過失進行懺悔與補充：

མ་རྙེད་ཡོངས་སུ་མ་ཚང་དང་། །གང་ཡང་ནུས་པ་མ་མཆིས་པ།

瑪聶永暑瑪倉檔　感仰女巴瑪企巴

未獲未能皆齊備　任何亦無能力者

།འདིར་ནི་བགྱི་བ་གང་ནོངས་པ། །དེ་ཀུན་ཁྱེད་ཀྱི་བཟོད་མཛད་རིགས།

底尼幾瓦感絨巴　迭棍切幾水賊黎

於此所行何過錯　彼等請汝理寬忍

在禪修的過程中，有些供品器物，雖然我已盡力，但還是未能尋獲。由於有一些供品器物在此地無法取得，所以我在壇城上所準備的供品器物，以及在儀軌觀想、咒語唸誦上，或許未能盡皆完全齊備，不夠理想。另外，在生起次第、圓滿次第、誓言、成就等方面，我亦有無能力或能力不足等情形。

總而言之，於此修法的一切階段中，前面所述的任何一切我所行的所有過錯，我都誠心發露懺悔，祈請聖度母，以及壇城聖眾們，理當予以寬忍。

如同前面所述請求寬忍。

恭送聖眾返淨土

當壇城中有設立佛像時，則祈請聖眾安居在壇城中；如果沒有，則必須對所迎請來的聖眾進行送駕：

ཨོཾ།

嗡

ཁྱེད་ཀྱི་སེམས་ཅན་དོན་ཀུན་མཛད། །རྗེས་སུ་མཐུན་པའི་དངོས་གྲུབ་སྩོལ།

切幾森間敦棍賊　杰暑吞杯恩珠捉

汝行眾生一切事　賜予隨順之成就

།སངས་རྒྱས་ཡུལ་དུ་གཤེགས་སུ་གསོལ། །སླར་ཡང་འབྱོན་པར་མཛད་དུ་གསོལ།

桑皆悠篤謝暑梭　辣仰炯也賊篤梭

祈請駕返佛國境　祈請復又行降臨

聖度母與眷屬等聖眾，讓我等眾生已經累積了資糧，也對我等眾生進行了加持，並利樂一切有情眾生等諸種事業。

但因有情眾生自己內心的勝解、願望與福德都不盡相同，是千差萬別的，所以，聖度母與眷屬眾也隨順有情眾生的個別差異，隨後賜予殊勝的、共通的各類成就。

因此，誠懇祈請聖度母與眷屬聖眾，在圓滿眾生的事情後，雖然動身起駕返回玉葉莊嚴剎（度母淨土）等佛國境土，但是我與有情眾生們仍然祈請聖度母與眷屬聖眾，將來爲我等一切有情眾生的事情，能夠再行降臨此世間處。

བཛྲ་མུཿ

班札目

這是送駕的咒語。前面自己生起爲本尊等諸位壇城聖眾，接下來要在圓滿次第的狀態中進行收攝：

ལྷ་དང་རང་སེམས་དབྱེར་མེད་པ། །ཆོས་དབྱིངས་གཤུག་མའི་ངང་ལ་བཞག

辣檔朗森葉昧巴　卻英扭昧昂喇俠

天尊己心爲無別　置於法界本然狀

殊勝的天尊聖度母的聖意，與我的內心已經成爲無二無別，就如同將水倒入水中一般，將自己內心的平等置於法界本然本智，也就是內心實相的狀態，而進入於等持之中。接下來就是保持實相的見地了。

接著要進行迴向發願：

དགེ་བ་འདི་ཡིས་མྱུར་དུ་བདག །འཕགས་མ་སྒྲོལ་མ་འགྲུབ་གྱུར་ནས།

給瓦迪宜扭篤達　帕瑪卓瑪竹糾餒

以此善行我迅速　成就聖母度母已

།འགྲོ་བ་གཅིག་ཀྱང་མ་ལུས་པ། །དེ་ཡི་ས་ལ་འགོད་པར་ཤོག

走瓦計蔣瑪呂巴　迭宜薩喇貴巴秀

一位眾生亦無餘　祈願置於彼果位

我以此禪觀修法的善行，代表自他一切有情眾生三時的善根聚集，祈願一切善根的威勢，令我能夠很迅速地成就尊德聖母度母的果位，然後安置一切有情眾生，即使是一位眾生，亦不讓他留在輪迴中，我將安置他們達到尊德薄伽梵母聖度母的果位。

迴向、發願

唸誦詞句並迴向、發願。接下來是吉祥祝願詞句，唸誦吉祥詞句並拋灑花朵，或者是灑米也可以：

།ཡིད་བཞིན་ནོར་དང་བུམ་པ་བཟང་པོ་ལྟར། །བསམ་པའི་དོན་ཀུན་ཐོགས་མེད་སྩོལ་མཛད་པ།

宜形諾檔本巴桑波大　三杯敦棍拓昧卓賊喇

如同如意寶珠善寶瓶　能賜一切願求事無礙

།རྗེ་བཙུན་སྒྲོལ་མ་རྒྱལ་བ་སྲས་དང་བཅས། །མི་འབྲལ་ཐུགས་རྗེའི་སྐྱོང་བའི་བཀྲ་ཤིས་ཤོག

姐尊卓瑪賈瓦謝檔介　米眨免介炯威札希秀

尊德度母勝者眷屬眾　未離大悲護育願吉祥

能夠賜予有情眾生們內心所欲求的一切事情，就是如意寶珠了。另外，能夠生出一切所需求的事物，這種大寶藏就是善寶瓶。

正如同前面所述的如意寶珠與善寶瓶一般，眾生所有一切內心所願求的事情，只要仰賴於祈請尊德度母，尊德度母就能夠賜予加持，讓我們的一切事情都能夠無礙而成辦。

因此，我誠心祈願尊德度母、勝利者諸佛，以及與相陪伴的諸菩薩等眷屬眾，在這一世每天日夜六時之內，或是在今世生命結束後的中陰階段裡，尊德度母未離開、拋棄我等有情眾生們，而且以大愛心、大悲之心護育照顧我等有情眾，不僅已經賜予加持，也祝願再賜予我們一切吉祥與善好。

以前述請求賜與善好吉祥，作為最末之美好莊嚴。

蓮花生大士開示說：「見地關聯教理，觀修關聯覺受，行持關聯時機，具三關聯而修行。」又開示說：「明現勝義能詮詞句門。」其中所謂「能詮」，是指儀軌詞句。所謂「所詮」，是儀軌觀修次第的意義。修法的行者應當將前述文詞與意義不相分離而進行修持。

凡是禪觀任何本尊，那位本尊即是浩瀚勝利者眾（所有諸佛菩薩）的本質，一定要仰賴如此堅固的定解與猛烈的勝解之心來進行禪觀。

其次，正如同《尊意總集續》所開示：「觀一勝者一切不觀成，是故不棄不取勤於一，內心雖行諸多棄與取，一亦不成最極勞累因。」如果致力修行禪觀一位勝利者，即使沒有禪觀一切勝利者，但仍然可仰賴這個方式而成辦一切勝利者的果位（勝利者及勝利者之子是泛指佛與菩薩的名號）。因此，不應該有所分別，認爲可以放棄某些勝利者、可以效法修學某些勝利者，而是應該致力勤修一位就可以了。如果內心有太多分別妄念，執著有些可以放棄，有些可以取法，將不可能成辦任何一位勝利者的果位，這種方式只是令行者自己極端勞累而已。

因此，在此處禪觀尊德聖母時，如果內心能夠思惟度母是十方三時一切勝利者的本質，在如此的定解之下進行禪觀，雖然只是禪觀一位本尊，也一定能夠成辦一切本尊的果位。其道理如同前面所述。

吉祥圓滿的祝願

前面所闡述禪觀度母的文章《度母四曼達儀軌二糧心要註釋》，我（堪布慈囊仁波切）爲了利益些許具足勝解的眾生，故於北印度喜馬拉雅山腳，沉香樹林環抱的蘭若智慧林高級佛學院所屬精舍內，自二〇〇八年佛轉法輪吉祥日當日起，在授課之餘抽空寫下的。

以此善根祈願非常珍貴的佛教能夠弘揚且增廣、弘法上師壽命堅固達百劫、有情眾生享用法益喜樂大海之祥瑞，在究竟上獲得佛母聖度母果位等純正的善因。

附　錄

八供

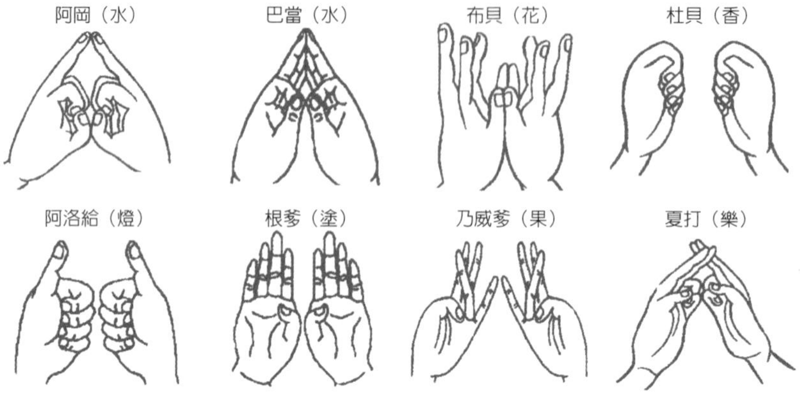

八供，即飲水、濯水、鮮花、薰香、明燈、塗香、食物、音樂等八項，是作爲陳列而敬獻的供品，以及搭配手印與觀想所依。由供品變化出與自己相同的無量無邊的供品，然後進行獻供。

首先是飲水，將無絲毫污垢而且齊備八功德的淨水，敬獻於菩薩眾的聖口。第二是濯水，清澈涼爽且乾淨的水，能令手足清涼，故敬獻於足。第三是鮮花，顏色與形狀各色各類，鮮艷燦爛，敬獻爲頂飾。第四是薰香，各種天然香與合成香，馥郁芬芳，敬獻於菩薩聖鼻。第五是明燈，放射大毫光，令各處光亮的火炬，敬獻於聖眼。第六是塗香，以紅花水等敬獻為塗抹於軀體之物。第七是食物，營養豐盛且具有百種滋味的美食，敬獻於菩薩之舌。第八是音樂，用極為悅耳好聽的樂音，敬獻於菩薩之耳。

總體而言，獻供時，諸物品皆需上等且美觀，莊嚴而鋪陳，此為物品的供養；觀想這些物品成為普賢雲供般的無量供品，為等持的供養；以悅耳美音虔誦供養辭句，為美音的供養；恭敬結轉蓮手印而敬獻，為手印的供養；唸誦「阿吽」等供養咒，為咒語的供養。

多瑪（食子）

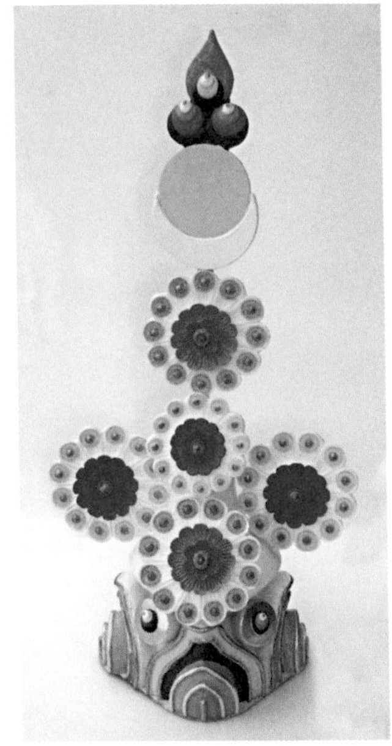

藏語的食子，稱為「多瑪」，「多」的涵義是摧毀和灑淨，「瑪」是母親的意思。透過修持將食子下施予非人及龍族等，這樣可以淨除我們修持中的違緣及障礙，將多瑪觀想為本尊或空性。因此，我們自相續中可以生起慈心、悲心以及菩提心等功德。

食子在梵文中稱為「瑪哈巴林

達」，「馬哈」的意思是「大」，「巴林達」的意思是力量，整個涵義即是「大力量」。我們依止觀修、持咒，以及加持，把食子上供予上師三寶，下施予餓鬼，因此可以積累很大的福慧二資糧，所以稱之爲「大力量」。

在多瑪的材質上，若是食物的多瑪，以穀類製成形美之糰，濃稠適中且需潔淨。此外若是金銀銅鐵等等的多瑪，應衡量還要進行多瑪物與多瑪咒。 在此，是用乾淨白圓多瑪，初時生起尊德度母的聖身，在獻供階段應知這即是供品。

除穢水

除穢水即是以咒語與觀想所加持過的水，一般以馬頭明王與甘露漩菩薩等任何事業本尊的聖身與咒語所加持過的水，僅灑於諸供品時，便能淨治不清淨的實執與污垢。這是灑淨除穢水的解釋。

獻曼達手印

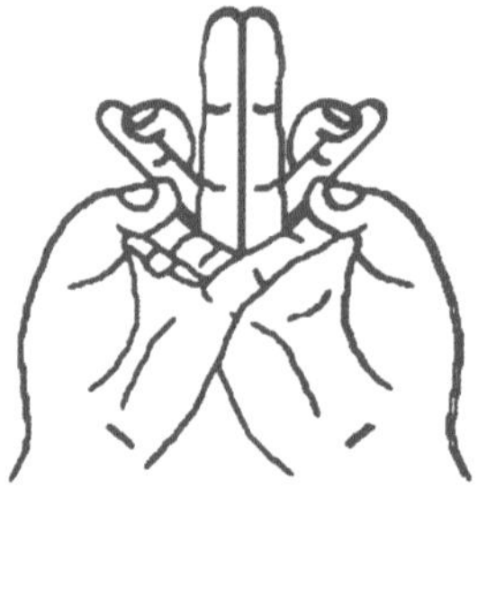

此手印代表獻曼達。中間手指表示中間須彌山王，四邊手指表示四大

部洲，因此其義表示敬獻整個大千世界。

度母咒輪

「當」字是度母心命咒，顏色與主尊相符合，爲綠色，周圍有咒鬘「唵達列都達列都列娑哈」圍繞。唸誦時，咒鬘旋轉並放射出毫光，向上則供養十方諸佛菩薩。

將十方聖眾之身語言加持收攝回來而融入自己。毫光又向下射入六道一切有情，止息一切煩惱罪障與痛苦，將所有有情眾安置於尊德度母的果位。十字咒語位於十咒瓣上，核心花蕊上有「當」字，咒字皆爲立姿。

護輪

此輪係出於密咒的續部，必須齊備續部所說的物品、咒語與輪圖，經由禪修者以禪定的威力製作而成，故具備能力，能保護以及拯救持有者遠離一切障礙與災難，因此稱之爲「護輪」。前述過程皆需依據合格的物品、咒語、禪定而製作，並非馬虎草率而行。

【第三章】

《二十一度母禮讚》註釋

南無阿雅達列耶

謂曰於汝虔信祈請眾　救彼離諸畏懼障礙也

親口允諾大愛守誓者　恭敬頂禮勝母聖度母

尊德度母曾經親口允諾說：「凡是對度母有虔誠信心，而且恭敬祈請的人們，度母必定會救度他離開一切畏懼與障礙。」

接下來，簡略地解釋續部之王《度母二十一禮讚》的詞句與意義，內容分爲兩項：（一）解釋史蹟與引言，（二）正釋續文。

解釋史蹟與引言

在久遠以前，有一個名字稱爲種種光的世界，在此世界中有一尊佛住世，佛號爲鼓音如來。在其國境內有一位公主，名字爲智月公主，對佛教非常恭敬虔信。公主歷經諸多百千年的時間，虔誠地承事供養諸佛，以及諸位眷屬菩薩僧眾。

最後，公主在鼓音如來尊前發起菩提心。正在初發菩提心時，比丘眾就鼓勵公主說：「女子身是比較柔弱的，男子身則較爲堅勇，公主應該立即運用已經累積的廣大福德善根，祝禱此一女子身能夠轉變成爲男子身，然後承事佛陀與聖教。爲什麼要這樣子祈禱呢？因爲仰仗公主已經累積的廣大福德善根，所祈求的願望，將如所祈求的內容一般實現。所以，這麼做是非常合理的。」

當公主聽完了這些建議後，非常有信心且胸有成竹的用頌文作了回答：「此無男子亦且無女子，無我補特伽羅無相解，施設男女此實極空洞，世間劣知是爲極迷亂。」

眞正來講，在勝義諦空性中，既沒有男生，也沒有女生；既沒有我，也沒有補特伽羅（法的我執），更沒有能理解形相的神識。男生也好，女生也罷，都只是因內心妄念所產生分別之故所形成的，因此不是眞實成立，可以說內在是空無的。因爲凡夫內心愚昧無知，故產生了眞實成立的執著，以致內心形成了極大的迷亂。

接著，公主又立誓說：「男修菩提者多，女修菩提者少，吾今發願自此起，直至世界虛空界盡，吾以女身度諸有情。」

此後公主就長期居住在皇宮裡，以善巧方便享用種種五妙欲，並且精進觀修等持，以此而證悟了萬法本不生，獲得了無生法忍，並且還成就了「度一切眾等持」。

公主仰賴這些等持力，每天在晨間利益許多眾生，救度眾生脫離這個輪迴的世間界。在還沒有能夠安置他們到達果位之前，公主就不進食。午後仍然是如此，因而度脫了諸多眾生脫離輪迴。因爲這個緣故，公主更改了以前的名字，而被稱呼名號爲度母。

鼓音如來也曾授記說：「乃至尚未證得無上菩提之間，或雖已證得無上菩提，名號皆稱爲度母，且身體皆爲女子身。」

因此，正如同鼓音如來所授記的情形一樣，在學道位階段，以及最後成就了佛果，從此以後，稱號皆是度母，並且都示現爲女子之身。

此後，度母又在不空成就佛尊前立誓要保護拯救一切眾生，使眾生遠離種種傷害與障礙。因此，在消除一切障礙方面，度母遠較其他本尊的加持力更加殊勝。另一方面，在這個娑婆世界，世人所看到的度母形貌，則是由聖觀世音的淚水誕生的。

就此而言，本文是遵循後者，特別針對大日如來親口宣說的續部《二十一禮讚》，配合二十一尊度母的禮讚文，略作註釋。

讚歎度母二十一尊的身語意功德與事業

ཨོཾ་རྗེ་བཙུན་མ་འཕགས་མ་སྒྲོལ་མ་ལ་ཕྱག་འཚལ་ལོ།

唵姐尊瑪帕瑪卓瑪喇恰岔洛

唵頂禮尊德母聖母度母

這個頂禮文是總頂禮，頂禮二十一尊度母，是不單獨分開的。

首先談到「唵」字，是作爲開頭字用的，同時還有皈依、獻供、令吉祥等涵義。另外，因爲「唵」字是一個組合字，是由「阿」、「烏」、「瑪」三個字銜接起來所形成的，所以「唵」字也就表示一切諸佛的身語意，以及法報化三身的意思。

接下來談到「尊」字，或者稱爲「至尊」，其義爲「殊勝」，用在此是表示度母有殊勝的功德。什麼殊勝的功德呢？因爲度母是三時一切諸佛菩薩事業總集的化現，所以讚歎敬稱度母用「尊」字。

然後是「德」字，或譯爲「大德」，意思是已離一切缺點與過錯，稱之爲「德」。例如有人持守戒律極爲清淨，沒有缺點、過錯，我們就稱他爲「持戒大德」。所以「德」字是指沒有缺點、沒有過錯的意思。不過「德」往往是用在表示戒定慧三學沒有任何缺點與過錯，亦是高尙的品德之意。「德」的字意有很多解釋，例如一個人的品德很好，喜歡助人，具有慈悲善良之心，可稱之大德。

在此也就表示度母在殊勝的功德方面，是沒有任何缺點與汙垢的，足可作爲眾生的典範，堪可度化有情眾生。

接下來，度母比起凡夫位與學道位行者而言，還要更爲超聖，已獲得聖者果位，因而稱之爲「聖母」。

度母是救度一切眾生遠離一切障礙與痛苦，以及度脫眾生脫離輪迴的一位女性菩薩，因而稱之爲「度母」。

最後，頭「頂」而禮之，因爲頭頂爲身體最高處，所以是表示內心恭敬之意。「禮」字是鞠躬頂禮的意思，表示彎腰俯身而頂禮，希望能去除身口心三門的一切業力、煩惱與蓋障。

1.頂禮　速母勇母度母

།ཕྱག་འཚལ་སྒྲོལ་མ་མྱུར་མ་དཔའ་མོ།　།སྤྱན་ནི་སྐད་ཅིག་གློག་དང་འདྲ་མ།

恰岔卓瑪扭瑪巴摩　間尼給計洛檔貶瑪

頂禮度母速母勇母　雙目剎那如電閃母

།འཇིག་རྟེན་གསུམ་མགོན་ཆུ་སྐྱེས་ཞལ་གྱི།　།གེ་སར་བྱེ་བ་ལས་ནི་བྱུང་མ།

幾滇孫袞去介俠幾　給薩姐瓦磊尼炯瑪

三世間怙水生面之　花蕊開放所出之母

第一頌是禮讚速母勇母度母。

首先是要向誰頂禮呢？就是要向速母勇母度母頂禮（སྒྲོལ་མ་མྱུར་མ་དཔའ་མོ།）。

這一尊度母的形貌如何呢？這一尊速母勇母度母天尊，聖身的膚色是紅黃色，右手結勝施手印，左手執持優曇婆羅青色蓮花，花朵上面有右旋白色海螺作爲表徵。

這個海螺可以表徵度母什麼功德呢？涵義是表示這一尊速母勇母度母所擁有的事業，即能調伏眾善男信女們的美名，傳揚遍達三地。

因爲擁有愛心和大悲心，所以速母勇母度母恆常救度無餘一切有情眾生脫離六道輪迴的痛苦，所以被稱爲「度母」。

此尊能令一切眾生獲得利益與安樂。就事業而言，速母勇母度母能夠在毫無阻礙下進行這些事業，因此，在利生事業方面，較其他菩薩更爲迅速。此外，速母勇母度母又具大威力，能夠摧滅一切惡魔與障礙，因此便成爲勇敢的度母。

因爲擁有能夠通達一切萬法實相的本智雙目，所以能夠在短短一剎那間，運用本智洞察一切萬法，洞察的速度可說至極快速，猶如天空的閃電一般，在一剎那間，速母勇母度母就能夠徹底通達一切所知的萬法。

由前述功德可知，度母擁有智慧、關愛、威力與事業。

在此又談到由三界怙主觀世音菩薩面容流下的淚水所化現出水生蓮花，之後，度母是由此水生蓮花的花蕊開放之後所化生出來的，或者說是所「誕生」的度母。

我內心恭敬而頂禮如此之速母勇母度母。

2.頂禮　智慧藏妙音女度母

།ཕྱག་འཚལ་སྟོན་ཀའི་ཟླ་བ་ཀུན་ཏུ། །གང་བ་བརྒྱ་ནི་བརྩེགས་པའི་ཞལ་མ།

恰岔敦給達瓦棍篤　感瓦賈尼這貝俠瑪

頂禮秋季明月週遍　圓滿百數層疊面母

།སྐར་མ་སྟོང་ཕྲག་ཚོགས་པ་རྣམས་ཀྱིས། །རབ་ཏུ་ཕྱེ་བའི་འོད་རབ་འབར་མ།

尬瑪東岔措巴浪幾　喇篤切偉偉辣把瑪

星宿千數以諸聚集　最極照射光極燦母

接下來要向智慧藏妙音女度母頂禮（སྒྲོལ་མ་བློ་གཏེར་དབྱངས་ཅན་མ།）。

智慧藏妙音女度母天女，聖身的膚色如同秋季明月的顏色一般，非常皎潔明亮；度母天女的聖容又宛如滿月，而且滿月的數量還不只一個，而是有百數個層層疊疊在一起，所以度母的聖容也是非常明亮白晰的。「層疊」的意思就是指「堆聚在一起」。

那麼，智慧藏妙音女度母擁有什麼表徵身分的尊相？或是結什麼手印呢？擁有如此極爲美麗白晰面容的智慧藏妙音女度母，右手結勝施手印，左手執持優曇婆羅青色蓮花，花朵的上面放置著一面如同圓月般的明亮寶鏡，鏡面上有一個「啥」（ཧྲཱིཿ）字作爲表徵。

智慧藏妙音女度母擁有什麼特別的功德嗎？她的聰慧毫光，如同天上明亮的星宿般，有千數之量的聚集在一起，其顏色至爲潔白晶亮，所放射出來聰慧毫光的數量更是極爲眾多，以此諸多聰慧毫光，修持度母的行者內心能夠消除愚昧無知的黑暗，且能令行者聰慧之門成爲最極明亮的照射，智慧之光亮燦爛分明，所以修行者能夠打開一切所知萬法之門。

我內心恭敬而頂禮如此之智慧藏妙音女度母。

3.頂禮　聖指生威母度母

།ཕྱག་འཚལ་སེར་སྔོ་ཆུ་ནས་སྐྱེས་ཀྱི།　།པདྨས་ཕྱག་ནི་རྣམ་པར་བརྒྱན་མ།

恰岔謝歐去餒介幾　杯昧恰尼浪巴檢瑪

頂禮金青由水所生　蓮花於手勝莊嚴母

།སྦྱིན་པ་བརྩོན་འགྲུས་དཀའ་ཐུབ་ཞི་བ།　།བཟོད་པ་བསམ་གཏན་སྤྱོད་ཡུལ་ཉིད་མ།

錦巴尊珠尬免昔瓦　水巴三滇最悠尼瑪

布施精進苦行止息　安忍靜慮行境之母

接著要向聖指生威母度母頂禮（སེར་མོ་སྟོབས་བསྐྱེད་མ།）。

聖指生威母度母的形貌是，聖身的膚色有如純金一般黃澄澄的，極為美麗端嚴。其次，生威母度母的左手執持一朵由水所生出的純青色優曇婆羅青色蓮花，這是最殊勝莊嚴的表徵。

那麼，作為表徵生威母度母的尊相又是什麼呢？在青色蓮花的花蕊上方，有一顆如意寶珠作為莊嚴，因此能夠賜予虔信的善男信女們獲得內心所欲求的一切事物，有如降下滂沱大雨一般。

在聖度母內心所證得的功德方面來講，聖指生威母度母內心已經證得了布施、精進、苦行、止息、安忍、靜慮波羅蜜等三十七菩提分。「苦行」的意思即是指「持戒」，「止息」的意思是指「勝慧」，因此，六度波羅蜜等三十七菩提分已經成為聖指生威母度母行持所能夠進行的對境。

我在內心恭敬而頂禮如此之聖指生威母度母。

註：三十七道品：又名三十七品，三十七分法，三十七菩提分法。道者是通達之義。涅槃道路的資糧，有三十七種，包含四念處、四正勤、四如意足、五根、五力、七覺支、八正道。《維摩經·佛國品》說：「三十七道品，是菩薩淨土。」《自誓三昧經》說：「善權隨時，三十七品具足佛事。」法界次第中之下說：「道者能通義，品者品類也。」（資料來源：丁福保，《佛學大辭典》）

4.頂禮　頂髻尊勝母度母

ཕྱག་འཚལ་དེ་བཞིན་གཤེགས་པའི་གཙུག་ཏོར། །མཐའ་ཡས་རྣམ་པར་རྒྱལ་བར་སྤྱོད་མ།

恰岔迭形謝貝柱多　踏耶浪巴賈瓦最瑪

頂禮如來頂髻之處　無邊最大尊勝行母

།མ་ལུས་ཕ་རོལ་ཕྱིན་པ་ཐོབ་པའི། །རྒྱལ་བའི་སྲས་ཀྱིས་ཤིན་ཏུ་བསྟེན་མ།

瑪呂帕洛慶巴拓貝　賈威謝幾杳篤滇瑪

獲得無餘到達彼岸　勝勢佛子最依止母

接下來要向誰頂禮呢？

要向已經證得無死永恆長壽的成就者——頂髻尊勝母度母頂禮（གཙུག་ཏོར་རྣམ་པར་རྒྱལ་མ།）。

頂髻尊勝母度母聖身的膚色有如純金一般黃燦燦的，手中捧持著無死的長壽寶瓶，作為表徵身分的尊相。長壽寶瓶的功德，是能令情器中的一切福壽精萃，融入於修行者並能增長。

頂髻尊勝母是由如來在頂髻之處進行神通變化，所生出來的明咒聖母。

那麼，頂髻尊勝母度母擁有什麼功德呢？例如，地水火風四大種的災難所造成的死亡，還有毒蛇猛獸所造成的死亡，其他又如非時死等等；另外又如貧窮、鬥爭、小人擾亂等各種的逆緣。針對前述一切阻礙、不順、逆緣，誠心祈求頂髻尊勝母，便能夠完全徹底破除消滅，並且獲得最大的尊勝。因此，最大尊勝已經成為頂髻尊勝母行持威力所能進行的對境。

不僅如此，頂髻尊勝母還擁有其他的殊勝功德。

初地、二地、三地等等無餘十地的本質，就是十種到達彼岸的方法，也是布施等十度，或是說十度波羅密，能夠獲得布施等十度的成就，即是勝勢佛子諸位菩薩眾。但是頂髻尊勝母度母是諸位菩薩眾的母親，因此，諸位菩薩眾們都很虔誠地尊敬頂髻尊勝母度母，而且還發自內心最極依止頂髻尊勝母度母。

我內心恭敬而頂禮如此之頂髻尊勝母度母。

5.頂禮 懷柔作明度母

ཕྱག་འཚལ་ཏུཏྟ་ར་ཧཱུྃ་ཡི་གེ། །འདོད་དང་ཕྱོགས་དང་ནམ་མཁའ་གང་མ།

恰岔都達拉吽乙給　堆檔秋檔朗喀感瑪

頂禮都達拉吽文字　欲方虛空遍充滿母

།འཇིག་རྟེན་བདུན་པོ་ཞབས་ཀྱིས་མནན་ཏེ། །ལུས་པ་མེད་པར་འགུགས་པར་ནུས་མ།

幾滇敦波俠幾念迭　呂巴美巴古巴女瑪

七種世間以足壓伏　盡無遺留能勾召母

接下來要向懷柔作明度母頂禮（དབང་སྡུད་རིག་བྱེད་ལྷ་མོ།）。

懷柔作明度母聖身的膚色是鮮紅色的，放射出無量無數具有愛戀作用的紅色毫光。

懷柔作明度母的名號咒是都達拉，心間有一個咒字「吽」（ཧཱུྃ），這個咒字是代表度母的內心尊意即是空性與大悲雙運。

「欲」的意思是指欲界，「方」的意思是指色界，安住在「虛空」之間，身體猶如虛空一般，意思是指無色界。

懷柔作明度母的名號咒語都達拉的咒聲，以及心間吽字所發出來的咒聲，能夠周遍傳佈弘揚，充滿在前述三界的一切處所。不僅如此，懷柔作明度母還能夠以雙足壓伏「七種世間」，表徵懷柔作明度母能夠完全懷攝龍、鬼、阿修羅、人、持明、緊那羅（似人而非人）與天神七者的諸世間。

總而言之，這位度母能夠盡無遺留的、如意的勾召有形與無形的一切眾生，特別是能夠盡無遺留的、如意的勾召行者的一切所求事業，懷柔作明度母皆能夠賜予如此的成就。

我內心恭敬而頂禮如此之懷柔作明度母。

6. 頂禮　大怖畏母度母

ཕྱག་འཚལ་བརྒྱ་བྱིན་མེ་ལྷ་ཚངས་པ། །རླུང་ལྷ་སྣ་ཚོགས་དབང་ཕྱུག་མཆོད་མ།

恰岔賈津美辣倉巴　弄辣那措汪秋卻瑪

頂禮帝釋火神梵天　風神種種自在供母

།འབྱུང་པོ་རོ་ལངས་དྲི་ཟ་རྣམས་དང་། །གནོད་སྦྱིན་ཚོགས་ཀྱིས་མདུན་ནས་བསྟོད་མ།

炯波裸朗幾啥浪檔　虐津措幾敦餒對瑪

魑魅殭屍食香諸眾　夜叉聚眾前讚歎母

頂禮能夠摧滅種種邪祟者的大怖畏母度母（སྒྲོལ་མ་འཇིགས་བྱེད་ཆེན་མ།）。

大怖畏母度母聖身的膚色是暗紅色的。作爲表徵度母身分的尊相，在手中握持著普巴短橛，並且由普巴短橛放射出無數飾有「吽」字的火花。

大怖畏母度母擁有哪些特別的功德呢？天神之王即是天帝釋，神仙火神則被認定爲是世界的創造主，另外還有梵天神與風神等等，這幾位都是一切護法神的種種主尊；此外尚有大自在天神等世間極負盛名的天眾，前述一切天眾也都誠惶誠恐，恭敬而供養大怖畏母度母。

不只前面所談到的主尊是如此，自在天神的眷屬，即魑魅、行障鬼、邪祟等等聚集眾；羅刹的眷屬（殭屍）、食香諸眾，以及中有、閻羅之世界、夜叉、顛狂鬼、王鬼、食肉鬼等等一切鬼怪障礙等聚集眾。大怖畏母度母的神威皆能鎮伏前述這些所做的一切傷害與惡毒行爲，並且能夠徹底摧滅而毫無剩餘。因此，那些聚集眾也都是惶恐戒慎，充滿信心而簇擁聚集在大怖畏母度母的尊前，以身語意三門至爲恭敬地讚歎度母。

所以我內心恭敬而頂禮如此之大怖畏母度母。

7.頂禮　他方不伏凶猛母度母

ཕྱག་འཚལ་ཏྲཱ་ཅེས་བྱ་དང་ཕཊ་ཀྱིས། ཕ་རོལ་འཁྲུལ་འཁོར་རབ་ཏུ་འཇོམས་མ།

恰岔遮介夾檔佩幾　帕洛促闊辣篤炯瑪

頂禮遮聲及以呸聲　彼之惑輪盡摧滅母

།གཡས་བསྐུམ་གཡོན་བརྐྱང་ཞབས་ཀྱིས་མནན་ཏེ། །མེ་འབར་འཁྲུག་པ་ཤིན་ཏུ་འབར་མ།

耶滾暈江俠幾念迭　美巴促巴杳篤把瑪

踡右伸左以足壓伏　烈焰瀰漫最熾烈母

頂禮能夠摧滅敵軍、雷擊、冰雹等等最殊勝者，即是他方不伏凶猛母度母（སྒྲོལ་མ་གཏུམ་མོ་གཞན་གྱིས་མི་ཐུབ་མ།）。

他方不伏凶猛母度母由聖口發出遮聲以及呸聲等明咒的凶猛咒聲，這些咒聲具有撕裂、碎裂的威能。在度母所擁有的不共功德方面，以此凶猛的咒聲，能夠徹底窮盡地摧滅敵軍所造作的詛咒，以及惡劣心思與行爲所造作出來的毒咒。不僅如此，以此凶猛的咒聲也能消除打雷、冰雹、敵方軍隊與戰場的殺害等一切惑輪。

另外，度母安居的姿態是蹺起右足而伸展出左足，這是表徵度母內心擁有空性、悲心的證悟之道，所以能夠不住在三有輪迴與寂靜涅槃等等二邊。度母即以此功德而能夠壓伏頑劣的煩惱、邪祟、鬼怪等等一切眾，進而救度一切所調伏眾，脫離三有輪迴與寂靜涅槃的一切畏懼。

其次，他方不伏凶猛母度母聖身的膚色是油亮烏黑的，尊身四周有本智的烈焰，火熱熾燃，四處彌漫開來，聖容則是略帶忿怒的神情。

在表徵度母功德的尊相方面，度母左手執持著優曇婆羅青色蓮花，花朵盛開，花蕊之上安置有銳利的寶劍，寶劍放射出最極熾烈的光亮，有如熊熊烈火一般，能夠徹底焚盡修行者所遭遇到由敵方所造作而成的一切傷害。

我在內心恭敬而頂禮如此之他方不伏凶猛母度母。

8.頂禮　他難勝勇母度母

ཕྱག་འཚལ་ཏུ་རེ་འཇིགས་པ་ཆེན་པོས། །བདུད་ཀྱི་དཔའ་བོ་རྣམ་པར་འཇོམས་མ།

恰岔都列幾巴千波　堆幾巴窩滾巴炯瑪

頂禮都列以大怖畏　魔中勇士極摧滅母

།ཆུ་སྐྱེས་ཞལ་ནི་ཁྲོ་གཉེར་ལྡན་མཛད། །དགྲ་བོ་ཐམས་ཅད་མ་ལུས་གསོད་མ།

秋介俠尼措聶典這　盹窩湯介瑪呂睡瑪

水生聖容具有怒容　無餘敵眾盡殺之母

頂禮能夠徹底摧滅對方所造作的毀謗、揭發隱私等危險傷害的他難勝勇母度母（སྒྲོལ་མ་གཞན་མི་རྒྱལ་བའི་དཔའ་མོ།）。

他難勝勇母度母聖身的膚色是暗紅色的，聖容現出忿怒相，左手握持著金剛杵，聖口唸誦著「都列」咒語，咒語的意思是「迅速」。

仰賴唸誦此神咒的威力，他難勝勇母度母由寂靜法界示現最大怖畏之身，能夠迅速摧滅惡魔之中最難調伏的魔中勇士，以及生老病死等等。「魔勇士」的意思就是指「煩惱」。

此外，爲了調伏惡魔、阻礙，以及其他頑抗者，度母由寂靜水生蓮花般的美麗聖容，示現出具有忿怒形相的容貌。一切仇敵眾阻撓、危害佛陀聖教、弘法士夫、以及其他有情眾，度母皆能夠將他們全部降伏消滅。這裡「消滅」的意思，是指讓他們的危害思想、行爲完全化爲無影無蹤，不復存在，而不是指傷害對方的身體，因爲度母具有大愛心，視眾生如同兒子一般。仇敵眾會去危害聖教與眾生，主要是靠著內心的危害思想以及外表的危害行爲，只要消滅這兩者，就達到矯正的目標了，並不需要去傷害他的生命。

我內心恭敬而頂禮如此之他難勝勇母度母。

9.頂禮　紫檀林度母

ཕྱག་འཚལ་དཀོན་མཆོག་གསུམ་མཚོན་ཕྱག་རྒྱའི། །སོར་མོས་ཐུགས་ཀར་རྣམ་པར་བརྒྱན་མ།

恰岔棍秋孫春恰皆　梭摩免尬浪巴檢瑪

頂禮象徵三寶嚴印　手指當心最嚴飾母

།མ་ལུས་ཕྱོགས་ཀྱི་འཁོར་ལོ་བརྒྱན་པའི། །རང་གི་འོད་ཀྱིས་ཚོགས་རྣམས་འཁྲུག་མ།

瑪呂秋幾闊洛檢貝　朗其偉幾措浪促瑪

無餘諸方轉輪嚴飾　以己之光聚交錯母

頂禮紫檀林度母（སེང་ལྡེང་ནགས་ཀྱི་སྒྲོལ་མ། ），她能夠救度一切所調伏眾脫離一切恐懼怖畏。

紫檀林度母聖身的膚色是青綠色的，有如綠松石一般亮麗。在代表自己身分的尊相上，度母右手結勝施手印，左手以拇指與無名指執著優曇婆羅花輪作為自己的象徵，其餘三指，即食指、中指與小指皆直直豎起，這是手結象徵三寶的莊嚴手印（三寶嚴印），結著三寶嚴印的手指，則放置在紫檀林度母心間正中心的位置。

以先前所述身像，紫檀林度母因而成為最為端嚴的度母。

另外，度母的手掌中還有光燦亮麗的轉輪圖紋作為嚴麗的裝飾，就轉輪的輪輻來講，轉輪朝向四方等一切無餘諸方向，每一方向都有輪輻。轉輪會放射出無量的毫光，然後以此毫光將無餘有情眾生的一切恐懼，例如八災十六難等等諸恐懼的聚集，全部都能止息並予以摧滅。

我內心恭敬而頂禮如此之紫檀林度母。

10.頂禮　尊勝三界母度母

ཕྱག་འཚལ་རབ་ཏུ་དགའ་བ་བརྗིད་པའི། །དབུ་རྒྱན་འོད་ཀྱི་འཕྲེང་བ་སྤེལ་མ།

恰岔辣篤尬瓦吉貝　屋間偉幾千瓦貝瑪

頂禮最大喜悅威嚴　寶冠光鬘重環之母

།བཞད་པ་རབ་བཞད་ཏུཏྟ་ར་ཡིས། །བདུད་དང་འཇིག་རྟེན་དབང་དུ་མཛད་མ།

寫巴喇寫都迭拉宜　堆檔幾滇汪篤賊瑪

發笑大笑都達拉聲　魔與世間予懷攝母

頂禮能夠懷攝三界者：尊勝三界母度母（སྒྲོལ་མ་འཇིག་རྟེན་གསུམ་རྒྱལ།）。

尊勝三界母度母聖身的膚色是鮮艷的紅色，左手高高擎舉著勝利的寶幢，作爲表徵自己身分的尊相。

其次，尊勝三界母度母的不共功德有哪些呢？尊德聖母頭頂上戴著以各種奇珍異寶所做成的威嚴寶冠，這個寶冠的功德，是能夠輕易賜與所調伏眾一切所欲求之事，因而能夠讓一切具信心的所調伏眾，在內心生出最大的喜悅。

這個寶冠還具有極大的威嚴，能夠放射出無量無數的毫光，光鬘具有種種的顏色，以重複光環的形狀，持續放射而出，之後射入不信者的內心，令其折服，由內心生出淨信。尊勝三界母是擁有如前述般不共功德的度母。

此尊口中發出都達拉密咒聲調的大笑，具有「八種笑聲」。她能夠以此笑聲，賜與虔信祈請者獲得一切懷攝的成就。

那麼，懷攝的對象是哪些呢？就是欲界天的魔王極喜自在，以及世間天神、大梵天神、天帝釋，和其他天神、龍、人界國王、王妃、大臣、女子、男子等等一切眾。

我出自內心恭敬而頂禮如此之尊勝三界母度母。

11.頂禮 迎富送貧忿怒母度母

ཕྱག་འཚལ་ས་གཞི་སྐྱོང་བའི་ཚོགས་རྣམས། །ཐམས་ཅད་འགུགས་པར་ནུས་པ་ཉིད་མ།

恰岔薩希炯威措浪　湯介古巴女巴尼瑪

頂禮守護大地聚眾　勾召一切具威力母

ཁྲོ་གཉེར་གཡོ་བའི་ཡི་གེ་ཧཱུྃ་གིས། །ཕོངས་པ་ཐམས་ཅད་རྣམ་པར་སྒྲོལ་མ།

措聶右偉乙給吽給　碰巴湯介浪巴卓瑪

怒容搖動以吽文字　一切缺乏予救度母

首先說明這位度母的不共功德。

守護著我們一切生命所居住的整個大地者，即是地母天女；此外還有龍神、夜叉、財神等等一切諸聚集眾。這位尊德聖母具有極大的威力，能夠勾召前面所談到的一切聚集眾，而且還能夠號令他們作爲僕從，凡是尊德聖母所囑咐的任何事情，都能夠成辦。此位度母即是迎富送貧忿怒母度母（སྒྲོལ་མ་དབུལ་སེལ་ནོར་སྟེར་ཁྲོ་གཉེར་ཅན།）。

迎富送貧忿怒母度母聖身的膚色是紅黃色的，臉上略帶怒容，以文雅的方式說則是「搖動聖容」。

那麼，能夠表徵迎富送貧忿怒母度母身分的尊相是什麼呢？即是手中捧持著大寶藏瓶，以此表徵聖母的尊相。

在迎富送貧忿怒母度母的心間有一咒語「吽」字，由此一咒語文字放射出無量無數的毫光。迎富送貧忿怒母度母能夠以此毫光勾召天神、龍神與人的一切財富享用，全部都容納在大寶藏瓶內。因此，凡是虔信祈請者所追求的一切財富享用，尊德聖母都能夠賜與，而且賜與時就像滂沱大雨般，鋪天蓋地的降落下來。

對有情眾生們，迎富送貧忿怒母度母能夠予以救度，拯救他們脫離一切貧窮以及缺乏的痛苦。

我內心恭敬而頂禮如此之迎富送貧忿怒母度母。

12.頂禮　吉祥義成母度母

ཕྱག་འཚལ་ཟླ་བ་དུམ་བུའི་དབུ་རྒྱན། བརྒྱན་པ་ཐམས་ཅད་ཤིན་ཏུ་འབར་མ།

恰岔打瓦董不屋間　檢巴湯介杏篤把瑪

頂禮明月碎片頂飾　一切嚴飾最燦爛母

།རལ་པའི་ཁྲོད་ནས་འོད་དཔག་མེད་ལས། །རྟག་པར་ཤིན་ཏུ་འོད་རབ་མཛད་མ།

喇杯翠餒偉色昧磊　大巴杏篤偉辣賊瑪

在髮髻中阿彌陀佛　恆常最極能光照母

頂禮能夠令一切處所都呈現出吉祥豐和的吉祥義成母度母（སྒྲོལ་མ་བཀྲ་ཤིས་དོན་གྲུབ་མ།）。

吉祥義成母度母聖身的膚色是純金色。在表徵尊德聖母的身分方面，吉祥義成母度母的尊相是左手執持著優曇婆羅青色蓮花，花朵盛開，花蕊上安置有一個吉祥結。另外，「明月碎片」的意思即是「半月」、「新月」。在吉祥義成母度母的頭頂上方，有以半月作爲端嚴的裝飾。

由此新月嚴飾，能夠放射出無量無數的毫光，光中流下無量甘露，此甘露能夠讓樹木、五穀、花草一片欣欣向榮，繁茂昌盛。

此外，吉祥義成母度母還有其他綾羅綢緞、各類珍寶等等一切類型的嚴飾，並從這些各類嚴飾放射出無量無數的毫光，能夠令一切世間皆呈現吉祥。因此，吉祥義成母度母的神采威嚴，實在是最爲光亮燦爛的度母。

在吉祥義成母度母柔軟烏黑油亮的髮髻當中，或者說在其髮辮之中，有種姓主阿彌陀佛安居。

那麼，阿彌陀佛在此有哪些不共的功德呢？阿彌陀佛恆常進行著令有情眾生們獲得利益與安樂的事業。

如何進行這些事業呢？阿彌陀佛爲了令一切情器世間全部都吉祥，遍及各處所都是美滿佳善的情景，因此，阿彌陀佛內心周遍的大悲，強烈極大的悲心放射出無量無數的毫光，照亮一切世間處所，令世間一切處所全部都充滿吉祥、寧靜、幸福等等祥瑞。「最極」的意思是指「恆常」。

我內心恭敬而頂禮如此之吉祥義成母度母。

13.頂禮　大滅敵母度母

ཕྱག་འཚལ་བསྐལ་པ་མཐའ་མའི་མེ་ལྟར། །འབར་བའི་ཕྲེང་བའི་དབུས་ན་གནས་མ།

恰岔噶巴踏妹美大　把威千威玉那聶瑪

頂禮如同劫末之火　烈焰光鬘中安居母

།གཡས་བརྐྱངས་གཡོན་བསྐུམ་ཀུན་ནས་བསྐོར་དགའི། །དགྲ་ཡི་དཔུང་ནི་རྣམ་པར་འཇོམས་མ།

耶江暈滚棍餒夠給　貶宜奔尼浪巴炯瑪

伸右踡左遍轉喜之　敵軍隊者大摧滅母

頂禮能夠摧滅敵軍的大滅敵母度母（སྒྲོལ་མ་དགྲ་དཔུང་འཇོམས་མ།）。在敵軍等等一切障礙的戰場上，度母能夠大獲全勝，而且最爲尊勝，可以將敵軍完全摧滅。

大滅敵母度母聖身的膚色是鮮艷的紅色，聖身四周有本智烈火，烈火翻騰洶湧，外形就如同劫末之熊熊烈火一般。此本智熾烈火焰的光亮極爲強烈，燦爛交錯，形成了廣大的光鬘，在光鬘重重圍繞之中，就安居著這位大滅敵母度母。

大滅敵母度母的姿勢是伸展著右足，踡起左足，以此形成最極忿怒的姿態。

那麼，大滅敵母度母不共的功德是什麼呢？雖然如前所述具有最極忿怒的姿態，但是大滅敵母度母的內心卻充滿著大悲，爲了令頑劣眾不再繼續累積惡業，爲了保護有信心之有情，所以大滅敵母度母的手中揮舞著金剛杵，由杵中放射出無量無數的毫光，這些毫光之中充滿著無量無數的細小金剛杵與火花，能夠摧滅一切爲害的仇敵眾。

在摧滅敵軍之後，即收回一切細小的金剛杵，形成了金剛杵的護輪與帳幕，周匝普遍轉動圍繞，令具足信心之所調伏眾內心相當喜悅。所以，大滅敵母度母能夠以這種方式，摧滅一切外在與內在的無餘仇敵軍隊。

我內心恭敬而頂禮如此之大滅敵母度母。

14. 頂禮　怒容度母

ཕྱག་འཚལ་ས་གཞིའི་ངོས་ལ་ཕྱག་གི །མཐིལ་གྱིས་བསྣུན་ཅིང་ཞབས་ཀྱིས་བརྡུངས་མ།

恰岔薩希恩喇恰給　替幾嫩錦俠幾董瑪

頂禮手於大地之上　掌心按壓足踴之母

ཁྲོ་གཉེར་ཅན་མཛད་ཡི་གེ་ཧཱུྃ་གིས། །རིམ་པ་བདུན་པོ་རྣམས་ནི་འགེམས་མ།

措聶間這乙給吽給　林巴敦波浪尼耿瑪

具有怒容以吽文字　七重等眾粉碎之母

頂禮能夠徹底摧滅阻礙與邪祟者：怒容度母（སྒྲོལ་མ་ཁྲོ་གཉེར་ཅན་མཛད།）。

怒容度母聖身的膚色是烏黑色，左手執持著優曇婆羅青色蓮花，花朵盛開，花蕊上面安置有搗臼之杵，以此作爲表徵自己身分的尊相。

怒容度母右手結著期剋的手印，然後用手掌放置於大地的地基之上，再用掌心按壓著大地的地基，用雙足足心重重踢擊著大地，因此能夠令諸世界都搖晃震動，是具有如此功德的度母。

怒容度母具有怒容，所以在神情上是略顯忿怒的，而且以心間的咒語「吽」字（ཧཱུྃ）放射出種種類型的金剛武器，這些金剛武器能夠對付居住在地下七重以上習慣危害眾生，而且心性極爲殘暴的邪祟、障礙等等眾，怒容度母能令其身體與性命盡皆成爲粉碎。「粉碎」的意思是指「飄散」。

以此特別殊勝的方法，能夠超度殘暴的眾生入於法界，而仰賴這種方式，才能夠斬斷此諸殘暴眾們惡業的續流，此外則沒有其他方法了。

我內心恭敬而頂禮如此之怒容度母。

15.頂禮　大寂靜母度母

ཕྱག་འཚལ་བདེ་མ་དགེ་མ་ཞི་མ། །མྱ་ངན་འདས་ཞི་སྤྱོད་ཡུལ་ཉིད་མ།

恰岔迭瑪給瑪喜瑪　兩恩迭昔最悠尼瑪

頂禮樂母善母寂母　涅槃寂靜行境之母

།སྭཱ་ཧཱ་ཨོཾ་དང་ཡང་དག་ལྡན་པས། །སྡིག་པ་ཆེན་པོ་འཇོམས་པ་ཉིད་མ།

娑哈唵檔仰達典貝　底巴千波炯巴尼瑪

眞正具有娑哈與唵　最大罪業能摧滅母

頂禮最能夠止息重大的罪業與蓋障者：大寂靜母度母（སྒྲོལ་མ་རབ་ཏུ་ཞི་མ།）。

大寂靜母度母聖身的膚色是極爲潔淨的白色，左手執持著優曇婆羅青色蓮花，花朵盛開，花蕊上面放置有一個淨水瓶，瓶中盛滿了具有淨除罪障的甘露，大寂靜母度母即以此作爲表徵自己身分的尊相。

大寂靜母度母擁有不共功德，在果方面，因爲痛苦的果報已經完全窮盡了，所以尊稱大寂靜母度母爲「安樂之母」；在因方面，由於不會累積不善之因，所以又被尊稱爲「善母」；另外，已經斷除了所應斷除的種種煩惱，所以又被尊稱爲「寂靜之母」。

大寂靜母度母已經具足了兩種清淨的涅槃，所以最大寂靜已經現前了。因此，證得涅槃大寂靜已經成爲大寂靜母度母實修的行持所能夠到達的對境，是具足如此功德的聖度母。

大寂靜母度母的明咒爲「達列都達列」，在明咒的結尾上有「梭哈」二字，另外有「嗡」（ༀ）字作爲明咒的開頭。

因爲度母眞正確實具有如此的咒語，所以如果有任何善男信女能夠依據儀軌，同時配合對治四力，內心虔誠，專注不渙散地專一唸誦度母此一明咒，即可淨除五種無間罪，以及十種不善業；此外，罪業的原因是貪瞋癡三毒等等一切煩惱，罪業的果報則是惡趣的種種痛苦；前述諸種罪業，以及其原因與果報等等一切，由於仰賴咒語的功德與利益，再加上大寂靜母度母的大悲心，就能夠立刻予以徹底摧滅。

我內心恭敬而頂禮如此之大寂靜母度母。

16.頂禮　大光燦母度母

ཕྱག་འཚལ་ཀུན་ནས་བསྐོར་རབ་དགའ་བའི། །དགྲ་ཡི་ལུས་ནི་རབ་ཏུ་འགེམས་མ།

恰岔棍餒夠辣尬偉　既乙呂尼辣篤耿瑪

頂禮普遍旋繞最喜　敵之身體盡粉碎母

།ཡི་གེ་བཅུ་པའི་ངག་ནི་བཀོད་པའི། །རིག་པ་ཧཱུྃ་ལས་སྒྲོལ་མ་ཉིད་མ།

乙給久杯阿尼桂貝　理巴吽雷卓瑪尼瑪

十文字之語言羅佈　由明咒吽救度之母

頂禮能夠徹底摧滅仇敵、詛咒與明咒的威力者：大光燦母度母（སྒྲོལ་མ་འབར་བའི་འོད་ཅན།）。

大光燦母度母聖身的膚色是鮮紅色，左手執持著優曇婆羅青色蓮花，花朵盛開，花蕊上安置有十字金剛杵，是能夠擊退詛咒的最殊勝利器，大光燦母度母即以此作爲表徵自己身分的尊相。

在大光燦母度母四周，圍繞著咒語成就者、等持成就者、諦語成就者等諸多天神，以及尚有持明聚集眾等，普遍充滿在一切四處。

對於度母尊意之等持與成辦眾生事等各方面，內心懷有極大喜悅的天尊聚眾們，能夠將施放詛咒、毒咒、惡咒的人，也就是敵方惡毒的想法、行爲，以及仇敵聚集眾的身體盡皆摧滅。大光燦母度母是具有如此威勢的度母。

大光燦母度母擁有「嗡達列」等十字的咒語，在忿怒度母的心間有種子字「吽」字，在吽字四周有十明咒文字向左方羅佈排列，由種子字與明咒放射出無量無數的毫光，這些毫光能夠救度行者脫離毒咒、惡咒等等一切外在與內在的各種障礙。

我內心恭敬而頂禮如此之大光燦母度母。

17. 頂禮　無量鎮壓母度母

ཕྱག་འཚལ་ཏུ་རེའི་ཞབས་ནི་བརྡབས་པས། །ཧཱུྃ་གི་རྣམ་པའི་ས་བོན་ཉིད་མ།

恰岔都列俠尼大貝　吽給浪貝薩奔尼瑪

頂禮都列以足踩踏　吽字形象種字之母

།རི་རབ་མནྡ་ར་དང་འབིགས་བྱེད། །འཇིག་རྟེན་གསུམ་རྣམས་གཡོ་བ་ཉིད་མ།

里辣曼達拉檔比杰　幾滇孫浪右瓦尼瑪

山王曼達拉與能透　令三世間能搖動母

頂禮能夠將一切仇敵、盜匪、小偷與獵人的手全部捆綁起來的無量鎮壓母度母（དཔག་མེད་གནོན་མ།）。

無量鎮壓母度母聖身的膚色具有藏紅花的紅黃色澤，左手執持著優曇婆羅青色蓮花，花朵盛開，花蕊上面矗立著一座巍巍高聳的佛塔，無量鎮壓母度母即以此作為表徵自己身分的尊相。

那麼，無量鎮壓母度母擁有什麼不共的功德呢？首先，咒語「都列」的意思是「迅速」，表示無量鎮壓母度母能夠以其雙足，在一剎那極為迅速地踩踏住大地。而且又由心間的咒語「吽」字，放射出無量無數的毫光，毫光內充滿著無量無邊吽字形象的種子字，這些種子字互相交錯。因此，無量鎮壓母度母是能夠以如此的方式進行利生事業的度母。

由無量鎮壓母度母心間放射出來的毫光，能夠搖動世間尊貴的天眾居住地，例如須彌山王、曼達拉山，以及能使大山、雪山等，能夠撼動地下、地面與地上三世間的一切處所。

仇敵盜匪的習性是經常猛力地造作種種罪業，而無量鎮壓母度母能夠以雙足踐壓住仇敵盜匪所造作的各種類型傷害，安置諸有情眾生到達安樂的處所。

我內心恭敬而頂禮如此之無量鎮壓母度母。

18. 頂禮　大孔雀母度母

ཕྱག་འཚལ་ལྷ་ཡི་མཚོ་ཡི་རྣམ་པའི། །རི་དྭགས་རྟགས་ཅན་ཕྱག་ན་བསྣམས་མ།

恰岔辣宜措宜浪北　理達大間恰那浪瑪

頂禮天界大湖形象　野獸圖像手中握母

།ཏཱ་ར་གཉིས་བརྗོད་ཕཊ་ཀྱི་ཡི་གེས། །དུག་རྣམས་མ་ལུས་པར་ནི་སེལ་མ།

大拉匿最呸幾乙給　毒浪瑪呂巴尼謝瑪

誦二達拉以呸文字　不餘諸毒盡消除母

頂禮能夠止息、消除各種毒類，並且保護信眾的大孔雀母度母（སྒྲོལ་མ་རྨ་བྱ་ཆེན་མོ།）。

大孔雀母度母聖身的膚色有如白雪一般潔白，左手握持優曇婆羅青色蓮花，花朵盛開，花蕊上面有清澈廣大的圓月，圓月猶如天界甘露大湖的形象一般，在明月之內有野獸的圖像，放射出最爲清涼的毫光。大孔雀母度母即以此作爲表徵自己身分的尊相。

那麼，大孔雀母度母擁有什麼不共的功德呢？「誦二達拉以呸文字」，是指大孔雀母度母的口中發出咒語文字：「嗡達列都達列都列薩爾瓦毗恰達拉呸梭哈」，就能夠以此方式將行者所遇到的混合毒、飲食毒、眼見毒等一切諸種毒類，全部消除且毫不剩餘。

另外，一切毒類的根本，就是我們內心的煩惱與我執，能夠滅除這些的最殊勝良藥，就是甚深空性了。

我內心恭敬而頂禮如此之大孔雀母度母。

19.頂禮　不敗王后度母

ཕྱག་འཚལ་ལྷ་ཡི་ཚོགས་ཀྱི་རྒྱལ་པོ། །ལྷ་དང་མིའམ་ཅི་ཡིས་བསྟེན་མ།

恰岔辣宜措幾貫波　辣檔迷昂計宜滇瑪

頂禮天神聚眾之王　神緊那羅所依止母

།ཀུན་ནས་གོ་ཆ་དགའ་བ་བརྗིད་ཀྱིས། །རྩོད་དང་རྨི་ལམ་ངན་པ་སེལ་མ།

棍餒果恰尬瓦吉幾　最檔覓浪恩巴謝瑪

普遍鎧甲喜悅威嚴　諍鬥惡夢能消除母

頂禮能夠消除爭鬥與惡夢的不敗王后度母（སྒྲོལ་མ་མི་ཕམ་རྒྱལ་མོ།）。

不敗王后度母聖身的膚色是皎潔的白色，左手握持著白傘，不敗王后度母即以此作為表徵自己身分的尊相。

那麼，不敗王后度母擁有什麼不共的功德呢？欲界與色界等天界諸天神聚集眾之主尊國王，就是梵天神與天帝釋。除此之外，尚有其他許多神祇，例如山神、樹神、河神、天空神與緊那羅等等。前面所說的諸位神祇，全部都以頭頂禮不敗王后度母之足，因此，不敗王后度母是這些天神聚集諸眾內心所恭敬依止的度母。

如果有任何善男信女能夠用各種方法、方式觀修不敗王后度母的聖身，發自內心虔誠祈請，口中唸誦咒語，雙手結手印，就能形成保護的喜悅鎧甲。所謂「喜悅」，意思是指「至極佳善」的鎧甲。

由此保護鎧甲所擁有的威德力，能夠消除敵方有關辯諍與鬥爭的一切想法與行為，另外也能夠消除夜間的惡夢等種種不吉祥。

我內心恭敬而頂禮如此之不敗王后度母。

20.頂禮　蘭若度母

ཕྱག་འཚལ་ཉི་མ་ཟླ་བ་རྒྱས་པའི། །སྤྱན་གཉིས་པོ་ལ་འོད་རབ་གསལ་མ།

恰岔尼瑪打瓦杰杯　間匿波喇偉辣薩瑪

頂禮旭日明月廣大　雙目之中大光明母

།ཧ་ར་གཉིས་བརྗོད་ཏུཏྟཱ་ར་ཡིས། །ཤིན་ཏུ་དྲག་པོའི་རིམས་ནད་སེལ་མ།

哈喇匿最都達拉宜　杏篤眨波領聶謝瑪

誦二哈拉以都達拉　最猛瘟疫消除之母

若欲徹底消除瘟疫、傳染絕症等不祥之事，就要頂禮蘭若度母（སྒྲོལ་མ་རི་ཁྲོད་མ།）。

蘭若度母聖身的膚色是紅黃色，左手執持優曇婆羅青色蓮花，花朵盛開，花蕊上面安置一個小寶篋，寶篋內盛滿了能夠消除瘟疫、傳染絕症的甘露勝藥。蘭若度母即以此作爲表徵自己身分的尊相。

蘭若度母的右眼爲旭日的自性，左眼則是明月的自性，雙目極爲廣大。由如此的雙目中，右眼放射出炎熱熾烈猶如旭日般的大光明無量毫光，能夠焚盡一切傳染絕症；左眼放射出清涼甘露猶如明月般的大光明無量毫光，能夠止息一切熱惱與瘟疫。

蘭若度母以聖口誦「二哈拉」，即是在口中誦著咒語「嗡達列都達列那瑪達拉瑪諾哈拉梭哈」。以此咒語，就能夠消除連藥品都不能治癒的各種各類、最極猛烈的瘟疫病。

我內心恭敬而頂禮如此之蘭若度母。

21.頂禮　毫光度母

ཕྱག་འཚལ་དེ་ཉིད་གསུམ་རྣམས་བཀོད་པས། །ཞི་བའི་མཐུ་དང་ཡང་དག་ལྡན་མ།

恰岔迭匿孫浪桂北　喜威免檔仰達典瑪

頂禮三種眞性莊嚴　止息威勢眞正具母

།གདོན་དང་རོ་ལངས་གནོད་སྦྱིན་ཚོགས་རྣམས། །འཇོམས་པ་ཏུ་རེ་རབ་མཆོག་ཉིད་མ།

敦檔羅朗虐津措浪　炯巴都列喇秋尼瑪

邪祟殭屍夜叉聚眾　摧滅都列最殊勝母

如果是爲了要挽救，以及贖回病人的靈魂與活壽，就有必要虔誠的頂禮祈求毫光度母（སྒྲོལ་མ་འོད་ཟེར་ཅན་མ། 摩利支天佛母）。

毫光度母聖身的膚色是純白色，左手結「救施手印」，並且執持優曇婆羅青色蓮花，花朵盛開，花蕊上面有一個吉祥金色魚。毫光度母即以此作爲表徵自己身分的尊相。

那麼，毫光度母擁有什麼不共的功德呢？一切如來身功德的種子字是白色「嗡」（唵）字（ཨོཾ），語功德的種子字是紅色「啊」字（ཨཱཿ），意功德的種子字是青色「吽」字（ཧཱུྃ），此三字稱爲三種眞實性文字。在毫光度母的身語意三處，也就是額頭、喉部與心間，也排列有此三種文字而形成的莊嚴。

由毫光度母的身語意三文字放射出無量無數的毫光，射入了善男信女的身語意三門，毫光的威勢，能夠止息信眾在身語意三門所遭遇到的一切傷害。例如外在方面，是有形體者與無形體者所造成的一切障礙；內在方面，是身體的種種疾病與四大不調等；秘密方面，則是經由所取對境與能執內心所形成的一切煩惱。

總而言之，凡此一切傷害，由於誠懇祈請毫光度母，皆能夠徹底止息消失。因此，毫光度母是確確實實具有前述種種止息障礙的威勢的。

不僅如此，邪祟、起屍與夜叉等一切聚集眾，會偷偷盜取病人的靈魂與活壽。此時唯有誠懇祈請毫光度母，立即就能夠將被盜走的魂壽全部勾召回來，而且還能夠徹底摧滅造成危害的惡劣心意與行爲。

咒語「都列」，意思是「最極迅速」，也就是毫光度母的大悲與成辦利益有情的事業，有如天空的閃電一般，是最極迅速的。而且毫光度母的愛心也極為強烈，關愛著善男信女等等無餘一切有情眾，即使是慈母關愛獨生子的愛心，也無法與毫光度母的關愛之心相比擬。因此，毫光度母擁有最極殊勝的愛心、慈心與悲心。

我內心恭敬而頂禮如此之毫光度母。

* *

།རྩ་བའི་སྔགས་ཀྱིས་བསྟོད་པ་འདི་དང་། །ཕྱག་འཚལ་བ་ནི་ཉི་ཤུ་རྩ་གཅིག

炸威阿幾對巴笛檔　恰企瓦尼你修乍計

以根本咒此讚歎與　行頂禮者二十有一

總結本文的意義，本文是以尊德聖度母根本心咒的意義，穿插在文章段落中間而進行讚歎的；另外又配合「頂禮」一詞，形成了頂禮偈文，總共有二十一個頂禮偈頌。以此種方式開示了二十一種不同類型的事業，而其主體即是二十一尊度母，所以這是二十一尊度母的頂禮讚歎文。

前面所講述的內容與二十一禮讚文，是讚歎尊德度母二十一尊之身語意功德與事業，是根據續部諸詞義，在此已略為闡明並講述完畢。

憶念祈請度母功德利益

接下來要講述諸種利益。

ལྷ་མོ་ལ་གུས་ཡང་དག་ལྡན་པ། །བློ་ལྡན་གང་གིས་རབ་དྲང་བརྗོད་དེ།

辣摩喇軌仰達典巴　洛滇感給拉檔嚐迭

於此天母具眞恭敬　某聰慧者最清澈誦

།སྲོད་དང་ཐོ་རངས་ལངས་པར་བྱས་ནས། །དྲན་པས་མི་འཇིགས་ཐམས་ཅད་རབ་སྟེར།

睡檔拓朗朗巴杰餒　檢杯米吉湯介喇迭

黃昏破曉起身之後　念故無畏最賜一切

།སྡིག་པ་ཐམས་ཅད་རབ་ཏུ་ཞི་བྱེད། །ངན་འགྲོ་ཐམས་ཅད་འཇོམས་པ་ཉིད་དོ།

底巴湯介喇篤喜杰　恩卓湯介炯巴匿朵

一切罪惡令最止息　一切惡趣予摧滅矣

如果能夠對前述諸位天母度母眾，具有最純眞的相信、勝解與恭敬，所謂「具眞」，不是僅僅在口頭上說說詞句而已，而是要眞正發自內心深處，眞實專一的相信。那麼，某位如同前述的聽慧者，內心以最清澈的信心，虔誠唸誦聖度母的咒語以及頂禮讚歎文；在時間方面，例如在黃昏以及破曉時，身體挺直端坐之後；所謂「念」，就是「憶念」，意思是指憶念尊德度母的聖身形貌、所宣咒語，以及尊意的了知、愛心、威力的本智等等一切。

比較特別的一點是，黃昏時，應該憶念忿怒尊的身像；破曉時分，則憶念寂靜尊的身像。

若能在內心憶念並祈請尊德度母，那麼這輩子的疾病、邪祟干擾、非時死亡，以及水火等障礙所形成的一切畏懼害怕，全部都能止息且消失，行者也就能夠無所畏懼了。所以，尊德度母最能夠賜予一切無畏，是最最殊勝的度母。

後世惡趣之因，即是一切罪惡，尊德度母也能夠讓這些全都止息而消失。此外，又例如生生世世投生在一切惡趣的處所，必須飽受惡道種種不可思議的痛苦，尊德度母必定能夠予以徹底摧滅，意思是指：尊德度母能夠令其信眾不必投生在惡道諸處所。

རྒྱལ་བ་བྱེ་བ་ཕྲག་བདུན་རྣམས་ཀྱིས། །མྱུར་དུ་དབང་ནི་བསྐུར་བར་འགྱུར་ལ།

貫瓦姐瓦岔敦浪幾　扭篤汪尼固瓦菊喇

勝者千萬七數等眾　迅速即予進行灌頂

།འདི་ལས་ཆེ་བ་ཉིད་ནི་ཐོབ་ཅིང་། །སངས་རྒྱས་གོ་འཕང་མཐར་ཐུག་དེར་འགྲོ།

底磊切瓦匿尼拓錦　桑皆果胖踏兔迭走

於此特重即能獲得　佛陀果位究竟往彼

།དེ་ཡི་དུག་ནི་དྲག་པོ་ཆེན་པོ། །བརྟན་གནས་པའམ་གཞན་ཡང་འགྲོ་བ།

迭乙篤尼眨波千波　滇聶巴昂咸仰走瓦

彼之毒者猛烈最大　安靜而住或他來往

།ཟོས་པ་དང་ནི་འཐུང་བ་ཉིད་ཀྱང་། །དྲན་པས་རབ་ཏུ་སེལ་བ་ཉིད་ཐོབ།

水巴檔尼通瓦匿講　檢杯辣篤謝瓦匿拓

雖或食用以及飲之　念故即得最為消除

།གདོན་དང་རིམས་དང་དུག་གིས་གཟིར་བའི། །སྡུག་བསྔལ་ཚོགས་ནི་རྣམ་པར་སྤོངས་པ།

敦檔林檔讀給寫偉　篤阿措尼浪巴謗瓦

邪祟瘟疫與毒逼迫　痛苦聚者已盡斷除

།སེམས་ཅན་གཞན་པ་རྣམས་ལ་ཡང་ངོ་།

森間咸巴浪喇仰偶

其他有情彼眾亦矣

聖母親自陪伴著行進來往的勝利者眾，其數量如果以千萬數來計算的話，總共有七數等眾（意即有七千萬）。

一切勝利者眾能夠在最迅速的時間內，即刻對實修者進行加持、灌頂與授記。所以這位行者在暫時方面，於此世中，即刻能夠獲得長壽、福德、眷屬、子孫、徒眾、祥瑞、美名、聞思修三者等等，以及共通與不共通的種種特別重大的功德。隨後則逐漸在諸地道方面能夠迅速晉昇，且迅速地前往究竟的佛陀果位。

另外，就到達佛陀的果位而言，造成此中斷的阻礙者，稱爲「毒」。「毒」之中，所謂「極爲猛烈」者，意思是指最主要的毒，也就是「邪見」。以「邪見」來代表障礙解脫的「煩惱障」，與障礙一切智果位的「所知障」等等的一切毒。

住於安靜的外在器物世間之毒，例如毒水與黑附子等毒藥，或者是其他毒，意思是指來來往往活動的有情生命，例如毒蛇等野獸的角或牙齒的毒。另外還有凶暴魑魅等見觸思惟之毒，以及其他例如惡劣行爲相混合的毒。

對於前述種種的毒類，或許是口中食用或飲用，造成了諸多痛苦，但是因爲憶念度母本尊眷屬勝眾以及其咒語，因此立即就能夠消除一切毒類的傷害。

另外又如魔鬼邪祟的傷害、罹患惡毒的瘟疫重病，以及外在、內在諸種毒類的逼迫，所形成的種種痛苦聚集，因爲獲得聖母加持，全部都已經窮盡斷除了！

爲了成辦有利於我之外的其他有情眾生們，因此我讚歎度母，同時也對度母進行祈請，讓前述所談的種種功德利益，能夠在對方的身上出現，而對方也能夠獲得此類各種功德利益。

གཉིས་གསུམ་བདུན་དུ་མངོན་པར་བརྗོད་ན། །བུ་འདོད་པ་ནི་བུ་ཐོབ་འགྱུར་ཞིང་།

匿孫敦篤恩巴嘴那　不堆巴尼不拓菊醒

二三七次若現唸誦　欲求子者當能得子

།ནོར་འདོད་པས་ནི་ནོར་རྣམས་ཉིད་ཐོབ། །འདོད་པ་ཐམས་ཅད་ཐོབ་པར་འགྱུར་ཞིང་།

諾堆貝尼諾浪匿拓　堆巴湯介拓巴菊醒

欲求財者即得眾財　一切欲求當能獲得

།བགེགས་རྣམས་མེད་ཅིང་སོ་སོར་འཇོམས་གྱུར་ཅིག

給浪梅僅梭梭炯糾計

無諸障礙願各各摧滅

所謂「二」，是指「白天」與「黑夜」。所謂「三」，是指白天三次以及夜間三次，其中白天三次是指午前、午時、午後；夜間三次是指夜初分、午夜、破曉。所謂「七次」，是指在每座禪修時，能夠在內心深處現出信心、恭敬，而且專一地唸誦《二十一禮讚文》七次；也有另外一種說法，認爲應該依據《四曼達儀軌》進行修持，唸誦《二十一禮讚文》七次。

總之，如果一位行者能夠依據前述的方式進行修持、唸誦讚歎文，在行者的內心，欲求家族有繼承之子嗣後輩，或者是欲求法脈有繼承之子嗣徒眾，那麼，這位行者即能夠獲得子嗣或徒眾。

另外，若是其他情況，有的人內心欲求獲得財富與諸受用，也即刻就能夠得到眾多圓滿的財富與受用。另一種情形是欲求營商、丈夫、妻子等等，無論是欲求任何息增懷猛等各種事業，以及殊勝與共通的成就，總之，一切在暫時方面與究竟方面所欲求的事情，當然在即刻之時就能夠獲得。

在前述種種欲求的事情尚未獲得圓滿實現的階段，也能滅除其他種種新出現的障礙。而種種以前已經出現的障礙，也因為仰賴了尊德聖度母的大悲，而能夠分別予以摧滅，毫無剩餘。

尊德聖度母能夠成辦前述種種一切事業，實在等同於如意寶珠一般。因為有前述諸種無邊利益的功德，因此不論是自己或者其他人，凡是內心欲追求安樂與美好的有緣諸士夫眾，理當以虔信與相信，精進而如理的趨入學習此修持的法門。

附　錄

【附錄一】七救護祈請文

སྐྱབས་བདུན་མ།

佳卜敦瑪　　止貢開山祖師　著

七救護祈請文　　林生茂　譯

མ་སྐྱེ་བ་མེད་པའི་ཆོས་དབྱིངས་ན།

瑪 借哇 美貝 卻映南木

母於無生法界中

།ཡུམ་རྗེ་བཙུན་ལྷ་མོ་སྒྲོལ་མ་བཞུགས། །

勇 傑尊 拉莫 卓瑪修

安住尊聖之度母

དེ་སེམས་ཅན་ཀུན་ལ་བདེ་སྐྱེར་མ།

喋 森木見 棍拉 喋迭而瑪

彼諸有情安樂母

།བདག་འཇིགས་པ་ཀུན་ལས་བསྐྱབ་ཏུ་གསོལ། །

達 吉巴 棍雷 佳卜度梭

祈救護我出怖畏

རང་ཆོས་སྐུ་ཡིན་པ་མ་ཤེས་པར།

攘 卻固 吟巴而瑪謝巴而

不識己即法身故

།སེམས་ཉོན་མོངས་དབང་དུ་གྱུར་པ་ཡི། །

森木 元盟 旺突 求巴宜

心為煩惱力所轉

མ་འཁོར་བར་འཁྱམས་པའི་སེམས་ཅན་ལ།

瑪 擴哇 嗆貝 森木見拉

流轉輪迴如母眾

།ཡུམ་ལྷ་མོ་ཁྱོད་ཀྱིས་བསྐྱབ་ཏུ་གསོལ། །

勇 拉莫 確計 佳卜度梭

懇請佛母慈救護

ཆོས་སྙིང་ནས་རྒྱུད་ལ་མ་སྐྱེས་པར།
卻 寧內 居拉 瑪借巴而
法義於心未生際

།ཐ་སྙད་ཚིག་གི་རྗེས་འབྲངས་ནས། །
他涅 企吉 傑長內
唯隨名言及文句

གྲུབ་མཐར་ངན་པས་བསླུས་པ་ལ།
竹踏 言貝 呂巴拉
下劣宗義所矇騙

།ཡུམ་ཡང་དག་གི་ལྷ་མོས་བསྐྱབ་ཏུ་གསོལ། །
勇 揚他各吉 拉莫 佳卜度梭
清淨佛母祈救護

རྟོགས་པར་དཀའ་བ་རང་གི་སེམས།
豆巴而 嘎哇 攘吉森木
難能了悟自心性

།མཐོང་ནས་གོམས་པར་མི་བྱེད་པར། །
通內 供巴而 米節巴而
見已於彼未修持

བྱ་བ་ངན་པས་གཡེངས་པ་ལ།
洽哇 研貝 言巴拉
爲諸惡行所散亂

།ཡུམ་དྲན་པའི་ལྷ་མོས་བསྐྱབ་ཏུ་གསོལ། །
勇 診貝 拉莫 佳卜度梭
正念佛母祈救護

སེམས་རང་བྱུང་གཉིས་མེད་ཡེ་ཤེས་ལ།
森木 攘炯 尼美 耶謝拉
自生無二之本智

།གཉིས་སུ་འཛིན་པའི་བག་ཆགས་ཀྱིས། །
尼素 僅貝 巴各恰各吉
執爲二之習氣故

ཇི་ལྟར་བྱས་ཀྱང་བཅིངས་པ་རྣམས།
其達 竭江 敬巴拉
一切所作皆繫縛

།ཐུགས་གཉིས་མེད་ཀྱི་ལྷ་མོས་བསྐྱབ་ཏུ་གསོལ། །
突尼 美吉 拉莫 佳卜度梭
心無二母祈救護

ཡང་དག་གི་དོན་ལ་གནས་བྱས་ཀྱང་།
揚達吉 屯拉 內竭江
雖安住於清淨義

།རྒྱུ་འབྲས་རྟེན་འབྲེལ་མི་ཤེས་པས། །
就折 滇哲 米謝貝
不識因果緣起故

ཤེས་བྱའི་དོན་ལ་རྨོངས་པ་ལ།
謝傑 屯拉 蒙巴拉
於所知義起愚矇

།ཡུམ་ཀུན་མཁྱེན་གྱི་ལྷ་མོས་བསྐྱབ་ཏུ་གསོལ། །
勇棍 千吉 拉莫 佳卜度梭
遍智佛母祈救護

སྤྲོས་བྲལ་ནམ་མཁའི་མཚན་ཉིད་ཅན།
追查 南木開以 趁尼建
離戲具足虛空性

།ཐམས་ཅད་དེ་དང་དབྱེར་མེད་ཀྱིས། །
湯結 迭倘 耶美吉
一切與彼無別故

།ད་དུང་སློབ་མའི་གང་ཟག་ལ།
他東 婁美 扛灑拉
現今弟子有情眾

།ཡུམ་རྫོགས་སངས་རྒྱས་ཀྱིས་བསྐྱབ་ཏུ་གསོལ། །
永 佐桑 傑吉 佳卜度梭
圓滿佛母祈救護

ཞེས་པ་ཨེ་ཆུང་ཕུག་ཏུ་ཁམས་གསུམ་ཆོས་ཀྱི་རྒྱལ་པོ་རྒྱལ་བ་འབྲི་གུང་སྐྱོབ་པ་རྗེ་འཇིག་རྟེན་གསུམ་གྱི་མགོན་པོས་འཕགས་མ་སྒྲོལ་མ་བདུན་ཞལ་གཟིགས་དུས་གསོལ་བ་བཏབ་པ་སྐྱབས་བདུན་མར་གྲགས་པ་བྱིན་རླབས་ཞིན་ཏུ་ཆེ་བར་གྲགས་སོ།།

以上爲三界法王直貢怙主　寂天頌恭　於耶瓊岩洞親見七位聖度母時，所作之祈請，名爲七救護祈請文，以具大加持而聞名。

【附錄二】綠度母讚文・天人頌

ལེགས་བྲིས་མ།

第一世達賴喇嘛　著

綠度母讚文・天人頌　　妙融法師　譯

ན་མོ་ཨཱརྱ་ཏཱ་རཱ་ཡེ།

南無 阿惹亞 達惹耶

འཕགས་པ་སྤྱན་རས་གཟིགས་དབང་ཕྱུག་ཐུགས་རྗེའི་གཏེར་ལ་ཕྱག་འཚལ་ལོ། །

帕巴 間瑞習 汪秋 突借以 迭拉 洽擦落

頂禮聖觀世音自在大悲藏

ལེགས་བྲིས་དཔལ་གྱི་བདག་པོ་གསེར་གྱི་མངལ། །ལྷ་ཡི་བླ་མ་གླང་གདོང་དཔལ་གྱི་མགྲིན། །

累即 巴吉 達各播 誰吉阿　　拉宜喇嘛 朗東 巴吉錦

天人祥瑞之主與梵天　　值日天財神天自在天

པདྨོའི་གཉེན་སོགས་ལྷ་བརྒྱའི་གཙུག་རྒྱན་གྱིས། །ཞབས་པད་གུས་མཆོད་སྒྲོལ་མའི་ཞབས་ལ་འདུད།།

貝莫 年梭 拉傑 組間吉　　暇貝 咕秋 卓美 暇拉讀

蓮親日等百天之頂嚴　　虔奉度母足蓮我頂禮

ཐུགས་རྗེ་ཆེན་པོའི་ཐུགས་རྗེའི་རྣམ་འཕྲུལ་གྱིས། །དུས་གསུམ་རྒྱལ་བའི་མཁྱེན་བརྩེ་ནུས་པ་རྣམས། །

突傑 千播 突傑以 南木處吉　　讀玉頌 嘉威 倩則 女巴南木

大慈悲之大慈所化現　　三時諸佛之德悲智力

རབ་མཛེས་འཕྲིན་ལས་ལྷ་མོའི་སྐུར་བསྟེན་ནས། |ཕོངས་པ་ཀུན་སྐྱོབ་སྒྲོལ་མའི་ཞབས་ལ་འདུད། །

惹卜則 慶雷 拉莫以 固而滇內　　朋巴 棍究 卓美 暇拉讀

以秀麗事業天女身相　　救諸貧苦度母我頂禮

|དབྱིངས་རིག་རྣམ་དག་པདྨའི་གདན་སྟེང་ན། |མར་གད་མདོག་ཅན་ཞལ་གཅིག་ཕྱག་གཉིས་མ། །

映日以 南木達 貝美 滇甸拿　　瑪而給 斗見 俠吉 恰尼瑪

界心清淨坐於蓮墊上　　身色碧綠一面與二臂

ལང་ཚོ་རབ་རྒྱས་གཡས་བརྐྱངས་གཡོན་བསྐུམས་ཞབས། |ཐབས་ཤེས་ཟུང་འབྲེལ་མ་ལ་ཕྱག་འཚལ་ལོ། །

朗湊 日阿傑 耶將 原共暇　　他卜謝 松哲 瑪拉 恰擦落

韶年之身腰右展左踡　　頂禮方便智慧運母

ནུ་འབུར་རབ་རྒྱས་ཟག་མེད་བདེ་བའི་གཏེར། |ཞལ་རས་ཟླ་བ་རྒྱས་པའི་འཛུམ་དཀར་ཅན། །

奴樸 日阿傑 薩美 迭威喋　　暇瑞 達哇 傑貝 總噶見

豐滿雙乳無漏樂之藏　　面如滿月嫣然而微笑

ཞི་བའི་ཉམས་ལྡན་ཐུགས་རྗེའི་སྤྱན་ཡངས་མ། |སེང་ལྡེང་ནགས་ཀྱི་མཛེས་མ་ཁྱོད་ལ་འདུད། །

昔威 娘甸 突傑 見揚瑪　　森甸 拿吉 則瑪 確拉讀

寂靜神韻廣大悲眼母　　姸麗紫檀度母尊前禮

གཡུ་ཡི་ལྗོན་ཤིང་ཡལ་ག་བརྐྱངས་འདྲ་བའི། |འཇམ་མཉེན་ཕྱག་གཡས་མཆོག་སྦྱིན་ཕྱག་རྒྱ་ནི། །

尤宜 俊星 牙嘎 將扎威　　獎年 恰耶 秋錦 恰嘉尼

宛如玉石樹枝而伸展　　以柔軟右手伸勝施印

མཁས་རྣམས་དངོས་གྲུབ་མཆོག་གི་དགའ་སྟོན་ལ།

客南木 哦住 秋吉 噶敦拉

於諸賢者勝悉地饗宴

།མགྲོན་དུ་འབོད་འདྲ་ཁྱོད་ལ་ཕྱག་འཚལ་ལོ། །

準突 樸扎 確拉 恰擦落

如迎賓客尊前我頂禮

ཕྱག་གཡོན་དཀོན་མཆོག་གསུམ་མཚོན་སྐྱབས་སྦྱིན་གྱིས།།འཇིགས་པ་བརྒྱ་ཕྲག་མཐོང་བའི་སྐྱེ་བོ་རྣམས།།

恰原 棍秋 頌寸 佳卜錦吉

左手以表三寶勝施印

寂巴 夾岔 通威 借沃南木

於諸遇見成百懼怖者

མ་འཇིགས་ང་ཡིས་མྱུར་དུ་བསྐྱབ་བོ་ཞེས།

瑪寂 阿宜 紐讀 佳卜沃協

我當速速救護勿懼怕

།གསལ་བར་མཚོན་པ་ཁྱོད་ལ་ཕྱག་འཚལ་ལོ། །

薩哇而 寸巴 確拉 恰擦落

明晰而示尊前我頂禮

ཕྱག་གཉིས་ཨུཏྤལ་སྔོན་པོས་མཚན་པ་ནི།

恰尼 鄔巴拉 溫播 趁巴尼

二手捻持青鄔巴拉花

།འགྲོ་ཀུན་སྲིད་པའི་བདེ་ལ་མ་ཆགས་པར། །

卓棍 細貝 迭拉 瑪洽各巴而

表諸有情無貪輪迴樂

ཐར་པ་ཆེན་པོའི་གྲོང་དུ་ཞུགས་ཤིག་ཅེས།

踏巴 千播 充突 修息戒

而得住於解脫大城邑

།བརྩོན་པའི་ལྕག་གིས་བསྐུལ་འདྲ་ཁྱོད་ལ་འདུད། །

尊貝 加給 故而扎 邱拉督

如策精進之鞭尊前禮

པདྨ་རཱ་ག་མདངས་ལྡན་འོད་དཔག་མེད།

貝瑪 日阿噶 當甸 偉巴美

紅蓮寶石光澤無量光

།མཉམ་བཞག་བདུད་རྩིས་གང་བའི་ལྷུང་བཟེད་བསྣམས། །

娘木暇 讀記 剛威 隆誰南木

禪定手印持滿甘露缽

འཆི་མེད་དངོས་གྲུབ་སྩོལ་བས་སྤྱི་བོར་བརྒྱན།	།བདག་གི་འཆི་བདག་འཇོམས་པ་ཁྱོད་ལ་འདུད། །
契美 哦住 作威 既沃間	達給 契達 炯巴 邱拉督
賜無死成就佛頂嚴飾	滅我死魔而於尊前禮
ཚོགས་གཉིས་མཐོ་རིས་བཟོ་བོའི་འདུ་བྱེད་ཀྱིས།	།གཞལ་མེད་ལྷ་ཡི་ཡིད་བཞིན་ནོར་བུ་རྣམས། །
湊尼 透日以 梭威 途皆吉	暇美 拉宜 怡信 諾布南木
二資糧得善趣功巧作	越量天之如意摩尼寶
མཛེས་མཛེས་གཅིག་ཏུ་བསྡུས་པའི་ཡིད་འཕྲོག་རྒྱན།	།ཀུན་གྱིས་བརྒྱན་པ་ཁྱོད་ལ་ཕྱག་འཚལ་ལོ། །
則則 吉杜 讀貝 怡綽間	棍吉 間巴 確拉 恰擦落
總攝豔麗迷人之莊嚴	善能莊嚴一切尊前禮
མར་གད་རི་བོས་འཇའ་ཚོན་གྱོན་པ་བཞིན།	།སྐུ་སྟོད་ལྷ་རྫས་གོས་ཀྱི་ག་ཤ་ཅན། །
瑪給 日以沃 萊寸 眷巴信	固堆 拉則 皈吉 噶下建
宛如綠寶石山佩虹彩	上身穿戴天絲之披衣
ཕྲ་ཞིང་ལྡེམ་ལ་མཛེས་པའི་སྐེད་སྐབས་ནི།	།པ་ཉྩ་ལི་ཀའི་ཤམ་ཐབས་འཛིན་ལ་འདུད། །
刹形 典拉 則貝 給嘎卜尼	邊雜 璃給 香踏卜 錦拉讀
纖細婀娜娟麗之纖腰	邊雜璃嘎下裙我頂禮
གཡས་ན་མྱ་ངན་མེད་པའི་འོད་ཟེར་ཅན།	།ཞི་བའི་ཉམས་ལྡན་གསེར་མདོག་ཉི་འོད་འཕྲོ། །
耶拿 娘晏 美貝 偉色建	息威 娘木甸 誰豆 尼偉綽
右方住有無憂光天女	寂靜之姿金色放日光

གཡོན་ན་རལ་གཅིག་ནམ་མཁའི་མཛེས་པ་འཕྲོག　ཁྲོ་ཆགས་བརྗིད་པའི་མཛེས་མ་དེ་ལ་འདུད། །

元拿 日阿吉 南木卡 則巴綽　綽洽 即貝 則瑪 迭拉讀

左方一髻天女奪天色　怒相莊嚴瑰麗向彼禮

དྲུག་ལྡན་གླུ་དང་མཛེས་པའི་གར་ལ་མཁས། །གདུགས་དཀར་རྔ་ཡབ་པི་ཝང་གླིང་བུ་སོགས། །

竹甸 露堂 則貝 噶而拉客　讀嘎 阿牙卜 畢王 鈴布梭

具六歌藝與曼妙舞姿　白傘拂子琵琶笛子等

རབ་འབྱམས་མཆོད་རྫས་འཛིན་པའི་ལྷ་མོའི་ཚོགས། །ནམ་མཁའ་གང་བས་མཆོད་ལ་ཕྱག་འཚལ་ལོ། །

日阿將 邱則 錦貝 拉莫湊　南木卡 剛威 確拉 恰擦落

持握廣大供品眾天女　遍滿虛空供養我頂禮

དཔལ་མོ་ལེགས་བརྗོད་མ་དང་རི་སྐྱེས་སོགས། །ཡིད་འོང་འཆི་མེད་བུ་མོ་སྟོང་དག་གིས། །

巴莫 累糾 瑪堂 日以戒梭　怡嗡 契美 菩莫 東塔給

天母善言母與山生母　悅意無死少女縱百千

ཁྱོད་དྲུང་བྲན་མོ་ཙམ་ཡང་ཐོབ་དཀའ་བ། །མཛེས་སྡུག་ལྷ་མོའི་སྐུ་ལ་ཕྱག་འཚལ་ལོ། །

確衷 眞莫 藏揚 透巴哇　則讀 拉莫 固拉 恰擦落

於尊之前服侍亦難得　娟麗天女尊身我頂禮

ཐུགས་རྗེའི་ཆུ་འཛིན་རྒྱས་པའི་གློང་ཡངས་ནས། །གསུང་སྙན་ཚངས་དབྱངས་སྤྲིན་གྱི་རྔ་སྒྲ་ཅན། །

突傑 秋錦 介貝 隆揚內　頌年 倉揚 晉吉 阿察健

大悲祥雲茂盛而廣大　悅耳梵音如雲鼓雷音

གདུལ་བྱའི་འཛིན་མར་ཡན་ལག་བརྒྱད་ཆོས་ཆར།
讀節 錦瑪 顏拉 皆卻洽
遍化大地八功德法雨

།ཀུན་ཏུ་འབེབས་མཁས་མ་ལ་ཕྱག་འཚལ་ལོ། །
棍杜 倍客 瑪拉 恰擦落
善巧普降尊母我頂禮

ཤེས་བྱ་ཀུན་གཟིགས་ཡོན་ཏན་རྒྱ་མཚོའི་གཏེར།
謝夾 棍習 原滇 嘉湊喋
觀諸所知功德大海藏

།དེ་བཞིན་མ་ལུས་བརྗོད་པར་སུ་ཡིས་ནུས། །
其信 瑪呂 糾巴而 素宜女
如是無餘詮説誰能及

བློ་གྲོས་ཐོགས་མེད་སྟོབས་བཅུ་མངའ་བའི་ཐུགས།
羅竹 透美 豆究 阿威兔
智慧無礙心意具十力

།མཁྱེན་རབ་མཐར་ཕྱིན་མ་ལ་ཕྱག་འཚལ་ལོ། །
倩日阿 他親 瑪拉 洽擦落
究竟智慧尊母我頂禮

ཞི་བ་བརྙེས་ཀྱང་ཐུགས་རྗེའི་གཞན་དབང་གིས།
昔哇 涅將 兔傑 賢旺給以
雖得寂滅依大悲他力

།སྡུག་བསྔལ་རྒྱ་མཚོར་བྱིང་བའི་འགྲོ་བ་རྣམས། །
讀阿 嘉措而 敬威 卓哇南木
沉沒痛苦大海之眾生

ཐུགས་རྗེའི་ཕྱག་གིས་མྱུར་དུ་འདྲེན་མཛད་མ།
兔傑 洽給以 紐途 鎮則瑪
以大悲手旋即救拔母

།བརྩེ་བ་མཐར་ཕྱིན་མ་ལ་ཕྱག་འཚལ་ལོ། །
擇哇 他親 瑪拉 洽擦落
究竟慈愛尊母我頂禮

ཞི་རྒྱས་དབང་དང་དྲག་པོའི་འཕྲིན་ལས་རྣམས།
昔戒 旺堂 扎播 慶類南木
息增懷誅切諸事業

།རྒྱ་མཚོའི་རླབས་བཞིན་དུས་ལས་མི་འདའ་བར། །
嘉措 拉卜信 讀玉類 米答哇而
猶如大海浪濤不逾時

ལྷུན་གྲུབ་རྒྱུན་མི་འཆད་པར་འཇུག་མཛད་མ། །མཛད་པ་མཐར་ཕྱིན་མ་ལ་ཕྱག་འཚལ་ལོ། །

輪珠 君米 切巴 九責瑪　　責巴 他親 瑪拉 洽擦落

任運無間斷之趨入母　　事業究竟尊母我頂禮

འཇིགས་ཆེན་སྡུག་བསྔལ་བརྒྱད་དང་འབྱུང་པོའི་གདོན། །ཉོན་མོངས་ཤེས་བྱའི་སྒྲིབ་པའི་འཇིགས་པ་རྣམས།།

吉千 讀阿 皆堂 烔播屯　　元蒙 謝節 知以貝 吉巴南木

大恐懼八苦及魑魅魔　　所知煩惱障等諸懼怖

ཁྱེད་ཞབས་དྲན་པའི་མོད་ལ་སྐྱོབ་མཛད་མ། །ནུས་པ་མཐར་ཕྱིན་མ་ལ་ཕྱག་འཚལ་ལོ། །

客暇 鎮貝 枚拉 久卜則瑪　　女巴 他親 瑪拉 洽擦落

僅憶尊足隨即救護母　　究竟威力尊母我頂禮

དེ་ལྟར་སྐྱབས་འོས་ཁྱོད་ཀྱིས་ལུས་ཅན་རྣམས། །ནད་རིམས་གདོན་བགེགས་དུས་མིན་འཆི་བ་དང་། །

迭達而 佳卜吳 確吉 呂見南木　　內仁 屯給 讀玉明 契哇堂

如是皈處尊令諸眾生　　瘟疫魔障並與非時死

རྨི་ལམ་ངན་དང་མཚན་མ་ངན་པ་སོགས། །འཇིགས་པ་ཀུན་ལས་མྱུར་དུ་བསྐྱབ་ཏུ་གསོལ། །

迷朗 年巴 趁瑪 年巴梭　　寂巴 棍雷 紐途 嘉卜杜梭

以及惡夢或不祥惡兆　　祈願迅速救護離恐懼

འཇིག་ཚོགས་ལྟ་བའི་རི་སུལ་གནས་བཅས་ཏེ། །གཞན་ལས་མཆོག་ཏུ་འཛིན་པས་སེམས་ཁེངས་ཤིང་།།

吉措 答威 日以宿 內借喋　　賢雷 秋杜 緊貝 森木肯星

薩迦耶見如丘壑伏獅　　心執勝於他人而驕慢

ཕ་རོལ་ཁྱད་དུ་གསོད་པའི་སྡེར་ཁྱིམ་ཅན།
帕柔 客途 雖貝 琶慶見
輕蔑藐視彼方之獅爪

།ང་རྒྱལ་སེང་གེའི་འཇིགས་པ་བསྐྱབ་ཏུ་གསོལ། །
阿嘉 僧給 吉巴 佳卜杜梭
祈願救出我慢獅懼怖

དྲན་ཤེས་ལྕགས་ཀྱུ་རྣོན་པོས་མ་བཏུལ་ཞིང་།
鎮謝 賈救 嫩播 瑪杜形
正知念之尖勾不調伏

།འདོད་ཡོན་མྱོས་ཆུ་འཐུངས་པས་འཐོམས་པའི་མཐུས།།
堆元 紐秋 通貝 趟貝兔玉
飲妙欲酒而昏醉之力

ལོག་པའི་ལམ་ཞུགས་གནོད་འཚེའི་མཆེ་བ་གཙིགས།
婁各貝 朗秀 涅策 切哇足
住於邪道危害之獠牙

།གཏི་མུག་གླང་པོའི་འཇིགས་པ་བསྐྱབ་ཏུ་གསོལ།།
帝牧各 郎播 吉巴 佳卜杜梭
祈願救出愚癡象懼怖

ཚུལ་མིན་ཡིད་བྱེད་རླུང་གིས་བསྐུལ་བ་ལས།
促明 怡節 隆給 固哇雷
非理作意之風所吹動

།ཉེས་སྤྱོད་དུད་སྤྲིན་འཁྲིགས་པའི་གློང་དཀྱིལ་ན། །
涅覺 嘟禁 器貝 龍基拿
惡行烏雲密佈之中央

དགེ་བའི་ནགས་ཚལ་བསྲེག་པའི་ནུས་པ་ཅན།
給威 那擦 誰貝 女巴見
能作焚燒善業茂林火

།ཞེ་སྡང་མེ་ཡི་འཇིགས་པ་བསྐྱབ་ཏུ་གསོལ། །
協當 妹宜 吉巴 佳卜杜梭
祈願救出瞋恨火懼怖

མ་རིག་འཐིབས་པོའི་ཁུང་དུ་མངོན་ཞེན་ཅིང་།
瑪日以替 播 空途 溫賢竟
無明暗昧穴中起貪著

།གཞན་འབྱོར་ཕུན་ཚོགས་མཐོང་ཚེ་མི་བཟོད་པར། །
賢九 噴措 通策 米雖巴而
見他富裕之時極難忍

གདུག་པའི་དུག་གིས་ཁྱབ་བྱེད་པའི།

讀貝 讀給以 洽傑貝

惡暴之毒迅即而擴散

།ཕྲག་དོག་སྦྲུལ་གྱི་འཇིགས་པ་བསྐྱབ་ཏུ་གསོལ། །

剎豆 竹吉 吉巴 佳卜杜梭

祈願救出嫉妒蛇懼怖

བརྟུལ་ཞུགས་དམན་པའི་འགྲོག་དགོན་འཇིགས་རུང་དང་།

杜修 面貝 卓袞 吉容堂

下劣斷行可怖荒郊處

།རྟག་ཆད་མུ་ངམ་ཐང་ལ་རབ་རྒྱུ་ཞིང་། །

答切 娘暗 湯拉 日阿就行

徘徊常斷荒穢曠野中

ཕན་བདེའི་གྲོང་དང་ཀུན་པ་ཀུན་འཇོམས་པའི།

偏迭 中堂 棍巴 棍炯貝

毀壞一切利樂之城鄉

།ལྟ་ངན་རྐུན་པོའི་འཇིགས་པ་བསྐྱབ་ཏུ་གསོལ། །

大晏 棍玻 吉巴 佳卜杜梭

祈願救出惡見賊懼怖

མི་བཟད་སྲིད་པའི་བཙོན་ཁང་ར་བ་རུ

米誰 細貝 尊康 日阿哇如

難忍三有牢獄之圍牆

།ལུས་ཅན་རང་དབང་མེད་པར་འཆིང་བྱེད་ཅིང་། །

呂見 攘旺 美巴而 青節敬

色身不得自主爲捆縛

སྲེད་པའི་སྒོ་ལྕགས་དབྱེ་དཀས་འཁྱུད་པ་ཡི།

誰貝 苟夾 業給 求巴宜

愛之門鎖難起緊相扣

།སེར་སྣའི་ལྕགས་སྒྲོག་འཇིགས་པ་བསྐྱབ་ཏུ་གསོལ། །

誰那 夾卓 吉巴 佳卜杜梭

祈願救出慳吝鍊懼怖

ཤིན་ཏུ་བརྒལ་དཀའ་སྲིད་པའི་རྒྱུན་ཕྱོགས་ཁྱེར།

信杜 噶嘎 細貝 君丘切

極難越渡三有流捲席

།ལས་རླུང་དྲག་པོའི་རྐྱེན་དང་ཉེ་བ་ལས། །

雷隆 扎玻 建堂 涅哇雷

猛烈業風之緣生近業

སྐྱེ་ཀ་ན་འཆིའི་ཆུ་ཀློང་རབ་འཁྲུག་པའི། །འདོད་ཆགས་ཆུ་བོའི་འཇིགས་པ་བསྐྱབ་ཏུ་གསོལ། །

給噶 拿契 琶隆 日阿處貝　堆恰 邱沃 吉巴 佳卜杜梭

生老病死風浪極惑亂　祈願救出貪欲河懼怖

ཀུན་ཏུ་རྨོངས་པའི་མཁའ་ལ་རབ་རྒྱུ་ཞིང་། །ངེས་པ་དོན་དུ་གཉེར་ལ་ལྷག་པར་འཚེ། །

棍杜 蒙貝 卡拉 日阿就行　誒巴 屯途 涅拉 拉各巴而策

徘徊於諸癡昧之虛空　尤爲迫害追尋諸了義

ཐར་པའི་སྲོག་ལ་རྒོལ་བའི་གདུག་པ་ཅན། །ཐེ་ཚོམ་ཤ་ཟའི་འཇིགས་པ་བསྐྱབ་ཏུ་གསོལ། །

踏貝 梭拉 苟威 讀巴建　特聰 下誰 吉巴 佳卜杜梭

攻擊解脱命之兇惡者　祈願救出懷疑鬼懼怖

ཁྱོད་ལ་བསྟོད་ཅིང་གསོལ་བ་བཏབ་པའི་མཐུས། །དམ་ཆོས་སྒྲུབ་པའི་འགལ་རྐྱེན་ཞི་བ་དང་། །

確拉 堆竟 梭哇 搭貝突玉　唐卻 竹貝 噶建 習哇堂

願以讚嘆以及祈請力　修行正法違緣能息滅

ཚེ་དང་བསོད་ནམས་དཔལ་དང་འབྱོར་པ་སོགས།།མཐུན་པའི་རྐྱེན་རྣམས་ཡིད་བཞིན་འགྲུབ་པར་མཛོད།།

策堂 索南木 巴堂 就巴梭　吞貝 建南木 怡信 竹巴而最

壽命福德吉祥圓滿等　善順因緣如意而成辦

ཞིང་མཆོག་བདེ་བ་ཅན་དེར་འགྲོ་བ་ཀུན། །འདྲེན་པ་འོད་དཔག་མེད་པས་རྗེས་བཟུང་ནས། །

星邱 喋哇 見帖 卓哇棍　陣巴 偉巴 美貝 節松內

於彼最上極樂之佛土　導引群生無量光佛攝

དཀའ་བ་བརྒྱ་ཕྲག་སྤྱོད་པ་མེད་པར་ཡང་།

嘎哇 嘉剎 皆巴 美巴$_{\text{而}}$揚

無需行持百千之苦行

།མྱུར་དུ་སངས་རྒྱས་ས་ལ་རེག་གྱུར་ཅིག །

紐途 桑潔 薩拉 瑞就計$_{\text{各}}$

願得迅速登至正覺果

བདག་ཀྱང་རྟག་ཏུ་ཚེ་རབས་དྲན་པ་དང་།

達將 答$_{\text{各}}$杜 策$_{\text{日}}$阿 眞巴堂

生生世世吾能恆憶持

།བྱང་ཆུབ་སེམས་དང་ནམ་ཡང་མི་འབྲལ་ཞིང་། །

江秋 森$_{\text{木}}$堂 南$_{\text{木}}$揚 米察形

與菩提心恆時不暫離

རྒྱལ་སྲས་སྤྱོད་པ་རླབས་ཆེན་འཚོལ་བ་ལ།

嘉誰 覺巴 拉$_{\text{卜}}$千 措哇拉

於尋求佛子廣大之行

།བརྩོན་འགྲུས་ཆུ་བོའི་རྒྱུན་བཞིན་བརྟེན་པར་ཤོག།

尊住 秋沃 君信 滇巴$_{\text{而}}$修

願精進流相續而堅固

རང་དོན་སྒྲུབ་ལ་ནམ་ཡང་མི་རེ་ཞིང་།

攘屯 竹拉 南$_{\text{木}}$揚 米瑞形

無有希求於成辦自利

།གཞན་དོན་འབའ་ཞིག་སྒྲུབ་ལ་གཞོལ་བ་དང་། །

賢屯 巴昔 竹拉 修哇堂

唯獨入住勤行修利他

སྤྱན་དང་མངོན་ཤེས་སྨྲ་མཁས་བཟོད་པ་སོགས།

見堂 溫謝 麻客 水巴梭

五眼六通善言忍辱等

།གཞན་དོན་བྱེད་པའི་རྐྱེན་རྣམས་ཚང་བ་ཤོག །

賢屯 節貝 建南$_{\text{木}}$ 倉哇秀

行利他諸因緣願具足

རབ་འབྱམས་ཞིང་དུ་རྒྱལ་བའི་དམ་ཆོས་ཀུན།

日$_{\text{阿}}$將 形途 嘉威 唐卻棍

廣大國土如來諸正法

།རྒྱས་པར་བྱེད་ལ་ནམ་ཡང་མི་ཉམ་ཞིང་། །

借巴$_{\text{而}}$ 節拉 南$_{\text{木}}$揚 米雄形

興盛弘揚恆時無衰敗

རྟག་ཏུ་སེམས་ཅན་ཀུན་དོན་བསྒྲུབ་པའི་ཕྱིར། ། རྒྱལ་བའི་གོ་འཕང་བདེ་བླག་ཐོབ་གྱུར་ཅིག །

大$_{各}$杜 森$_{木}$見 棍屯 竹貝器$_{而}$　　嘉威 苟旁 迭拉$_{各}$ 透就吉

恆常成辦諸眾生義故　　願能安樂易適成佛果

རྗེ་བཙུན་བཅོམ་ལྡན་འདས་མ་སེང་ལྡེང་ནགས་ཀྱི་སྒྲོལ་མ་ལ་བསྟོད་པ་མཁས་པའི་གཙུག་རྒྱན་ཞེས་བྱ་བ་འདི་ནི། ཤཱཀྱའི་དགེ་སློང་དགེ་འདུན་གྲུབ་པ་དཔལ་བཟང་པོས་ཡུན་རིང་དུ་གསོལ་བ་བཏབ་སྟེ། བྱང་ཆུབ་ཆེན་པོའི་དབེན་གནས་ཐེག་ཆེན་པོ་བྲང་དུ་ལེགས་པར་སྦྱར་བའོ།། ||

此文爲讚頌至尊薄伽梵母紫檀度母之「智者頂嚴讚文」，乃釋迦比丘·根敦祝巴吉祥賢（第一世達賴喇嘛），經長久祈請，於大菩提阿蘭若大乘宮中善著。

【附錄三】白度母讚文

རྗེ་བཙུན་སྒྲོལ་མ་དཀར་མོའི་བསྟོད་པ།

傑尊 卓瑪 噶莫 堆巴　　　　遍知貝瑪嘎波　著

白度母讚文　　　　　　　　林生茂　　　譯

འཇིག་རྟེན་མགོན་པོའི་ཐུགས་རྗེའི་བདུད་རྩི་ཡི། །ཆུ་གཏེར་གྱིས་སྤྲོས་ཟླ་བ་རྒྱལ་བའི་ཡུམ། །

吉滇 袞玻 突傑 讀記宜　　　秋迭 吉追 達哇 嘉威詠

世間祜主大悲之甘露　　　　水藏所化如日月諸佛母

རྨོངས་པའི་མུན་འཕྲོག་སྙིང་སྟོབས་ཀུ་མུ་ད། །མ་ལུས་འབྱེད་པ་ཁྱོད་ལ་ཕྱག་འཚལ་ལོ། །

蒙貝 門綽 寧豆 固牧大　　　瑪呂 節巴 確拉 恰擦落

奪無明黯勇氣如睡蓮　　　　無餘開展於尊虔敬禮

དྲི་མེད་ཆུ་ཤེལ་ནོར་བུའི་འཁྲི་ཤིང་ནི། །ཧ་རི་ཙན་དན་དོག་པས་འཁྱུད་འདྲ་བའི། །

奇美 秋謝 諾菩 器幸尼　　　哈日以 旃檀 投貝 丘札威

無垢水晶珍寶如意樹　　　　白栴檀木環繞如交抱

རབ་དཀར་ཡིད་འཕྲོག་སྒེག་མོའི་གཟུགས་འཛིན་མ། །བཅུ་དྲུག་ལང་ཚོ་རྒྱས་པར་ཕྱག་འཚལ་ལོ། །

日阿噶 怡綽 給莫 素錦瑪　　救出 朗措 節巴而 恰擦落

潔白攝意曼妙身形母　　　　十六妙齡豐腴虔敬禮

ནུ་འབུར་རྒྱས་པའི་དཔལ་འབྲས་ཀྱིས་དུད་པའི།
奴菩 節貝 巴哲 吉讀貝
雙乳豐盈似果豐碩垂

།ལུས་ཕྲ་མཛེས་སྡུག་གསར་པའི་འཁྲི་ཤིང་ནི། །
呂岔 則讀 薩貝 器幸尼
體態纖細貌美如新樹

ཕྱག་ཞབས་ཆུ་སྐྱེས་རྒོད་པའི་གེ་སར་ལ།
恰下卜 秋戒 規貝 給薩拉
蓮花莊嚴手足似蓮莖

།མིག་གི་བུང་བ་གཡོ་བར་ཕྱག་འཚལ་ལོ། །
米各給 朋哇 又哇 恰擦落
眼睛如蜂飛曳虔敬禮

རིན་ཆེན་མཐིང་གི་མུ་ཏིག་དོ་ཤལ་ཁོངས།
仁千 聽給 牧帝 投夏空
藍寶鑲於珍珠瓔珞中

།སྤྲས་འདུའི་འོད་ཅན་སྤྱན་གསུམ་རི་དྭགས་མོ། །
這基 偉見 見頌 日以達莫
光明燦耀三目如鹿眸

།འཕྱིང་བའི་འགྲོས་ཀྱིས་གླང་པོ་དམན་བྱེད་པ།
晶威 卓吉 朗玻 面伽巴
傲視睥睨象群亦卑微

།ཡིད་འོང་མཛེས་པའི་སྙིང་པོར་ཕྱག་འཚལ་ལོ། །
怡翁 則貝 寧玻 恰擦落
歡悅美麗風華虔頂禮

རྟག་པར་འཛུམ་པས་མཆུ་ཡི་ཡལ་འདབ་ལ།
大各巴 總貝 秋宜 亞答卜拉
慈顏微笑雙唇如枝葉

།མུ་ཏིག་འབྲས་བུ་ཆགས་པའི་བྱུ་རུའི་འོད། །
牧帝 這菩 洽貝 糾汝偉
如珍珠般透珊瑚光澤

མཛེས་པར་འགོད་ལ་ཤངས་རྒྱུད་ཡིད་རིས་ཀྱིས།
則巴而 規拉 香舉 怡日以吉
貌美莊嚴宛如工畫師

།འབད་པས་བཟོས་འདྲ་གང་ལ་ཕྱག་འཚལ་ལོ། །
悲貝 雖扎 康拉 恰擦落
百般繪製所成虔敬禮

རིན་ཆེན་རྣམས་དང་མེ་ཏོག་གིས་བརྒྱན་པའི། །ལན་བུ་གཅིག་པའི་ཟུར་ཕུད་མཐོན་མཐིང་གིས། །

仁千 南堂 眉豆 給間貝　　冷菩 記貝 俗撲 吞聽給

種種珍寶花朵所莊嚴　　髮辮編綴深藍之頂髻

སྤྲིན་གསར་ཚོགས་ལ་གདེངས་པ་རྨ་བྱ་ཡི། །མདུག་མའི་མཛེས་སྡུག་འཛིན་ལ་ཕྱག་འཚལ་ལོ། །

晉薩 措拉 天巴 麻洽宜　　久枚 則讀 錦拉 恰擦落

如望雲彩展翼之孔雀　　美豔如同雀屏虔敬禮

ཉི་མའི་འོད་ཟེར་ལྡན་པའི་ཅོད་པན་གྱིས། །ལེགས་སྤྲས་སྙན་གོང་ཨུཏྤལ་མཐིང་ཁའི་རྒྱན། །

尼眉 偉誰 甸貝 爵笨吉　　雷這 年孔 鄔巴拉 聽開間

如日璀璨冠冕飄帶飾　　於耳際上青蓮花飾品

ཆུ་ཤེལ་ལྗོན་པའི་ཡལ་ག་ཁུ་བྱུག་གི །གཞོག་པ་བརྐྱངས་པས་མཛེས་འདྲར་ཕྱག་འཚལ་ལོ། །

秋謝 娟貝 雅噶 庫救吉　　修巴 將貝 則扎 恰擦落

宛如水晶樹木之枝脈　　杜鵑展翅美姿虔頂禮

རྣ་རྒྱན་རིནཆེན་རབ་འབར་འགྲམ་པ་ལ། །ཡ་མཚན་འོད་རིས་ཅི་ཡང་བྲི་བ་ནི། །

拿間 仁千 日阿巴 帳巴拉　　雅趁 偉日以 紀揚 紀哇尼

耳飾珍寶璀璨臉頰上　　稀有光澤盡彩繪於上

མཁུར་ཚོས་དཀར་དམར་མདངས་ཀྱིས་ཡིད་འོང་ལ།།ངལ་བས་འགྲན་པར་བགྱིད་དེར་ཕྱག་འཚལ་ལོ།

庫翠 嘎瑪 當吉 怡翁拉　　阿威 眞巴而 吉喋 恰擦落

臉頰粉紅光澤極悅意　　百般相互鬥妍虔頂禮

མགུལ་ན་མུ་ཏིག་ཆུན་པོའི་རྒྱན་དག་ནི།
雇拿 牧帝 群玻 間他尼
頸上珍珠串鍊之裝飾

།ཤིན་ཏུ་རགས་པས་མཚན་མོའི་དཔལ་གྱུར་པའི། །
信杜 日阿貝 趁莫 巴就貝
極碩大故宛如夜明珠

ཟླ་བའི་དཀར་བ་མ་ལུས་འཕྲོག་པ་ལྟས།
達 威 嘎哇 瑪呂 綽巴迭
奪攝皎潔明月盡無餘

།བརྒྱན་ཅིང་བརྒྱན་པ་ཁྱོད་ལ་ཕྱག་འཚལ་ལོ། །
間敬 間巴 確拉 恰擦落
種種莊嚴於尊虔頂禮

དཔུང་རྒྱན་གདུ་བུ་ངུར་བའི་འཕྲེང་རྒྱུ་བ།
崩間 讀菩 吾威 趁就哇
臂飾釧鐲鵝黃珠鬘旋

།དོ་ཤལ་གངྒའི་ལྦུ་བ་རབ་གསལ་གྱིས། །
投夏 剛給 布哇 日阿薩吉
瓔絡恆河水泡般明晰

མཛེས་ཤིང་བཀོད་པ་ལྷ་ཡི་རི་བོ་ནི།
則幸 規巴 拉宜 日以沃尼
美妙莊嚴宛如須彌山

།གཟི་བྱིན་མཚུངས་མེད་པ་དེར་ཕྱག་འཚལ་ལོ། །
習親 聰美 巴迭 恰擦落
威赫無與倫比虔頂禮

ཛམྦུ་ན་དའི་དྲིལ་ཆུང་སྒྲ་འབྱིན་པའི།
贊布 拿喋 即瓊 察進貝
瞻部那達小鈴聲震響

།འོད་ཟེར་རབ་རྒྱས་ནོར་བུའི་སྐ་རགས་དང་། །
偉誰 日阿節 怒菩 嘎日阿堂
光芒燦爛珍寶之腰帶

མཛེས་འཛུམ་ལྷབས་ཀྱི་གཟུགས་བརྙན་གོས་བཟང་གིས། །རྣམ་མཛེས་སྒྲོལ་མ་དེ་ལ་ཕྱག་འཚལ་ལོ། །
則總 拉卜吉 俗念 規桑給
美麗含笑如波之身形

南木則 卓瑪 帖拉 恰擦落
妙顏度母遺尊虔頂禮

ཕྱག་གཡས་མཆོག་སྦྱིན་གཡོན་པ་ཨུཏྤ་ལའི། །སྡོང་བུ་འཛིན་ཅིང་སྐྱིལ་ཀྲུང་ངང་མོ་ནི། །

恰耶 秋錦 原巴 鄔巴璃　東菩 錦竟 吉仲 昂莫尼

右勝施印左手青蓮花　蓮莖持已雙足跏趺坐

པད་དཀར་སྨྱུ་གུས་མཚན་པའི་ཟླ་བ་མཆོར། །མཛེས་པས་རྣམ་པར་རོལ་ལ་ཕྱག་འཚལ་ལོ། །

貝嘎 紐規 趁貝 達哇措　則貝 南$_{木}$巴$_{而}$ 柔拉 恰擦落

白蓮翠竹綴飾之月湖　莊嚴自在受用虔頂禮

དུས་མིན་འཆི་བ་ནད་དང་འཇིགས་པ་བརྒྱད། །དྲན་པས་ཡུད་ཙམ་ཉིད་ལ་སེལ་བགྱིད་པའི། །

突$_{玉}$明 契哇 涅堂 吉巴皆　鎮貝 由贊 尼拉 誰即貝

疾病非時死及八怖畏　念彼須臾頃刻即淨除

ཡིད་བཞིན་འཁོར་ལོས་ཐུགས་ཀ་རྣམ་མཛེས་པའི། །དུས་གསུམ་རྒྱལ་བའི་ཡུམ་ལ་ཕྱག་འཚལ་ལོ། །

怡信 擴略 突嘎 南$_{木}$則貝　突$_{玉}$頌 嘉威 勇拉 恰擦落

如意寶輪心間極莊嚴　三世諸佛之母虔頂禮

ཕྱོགས་ཀྱི་ཁོངས་རྣམས་དྲི་མེད་འོད་ཟེར་གྱི། །བདུད་རྩིའི་ཆུ་རླབས་ཀྱིས་འགེངས་བཅོམ་ལྡན་མ། །

秋基 空南$_{木}$ 即美 偉誰吉　讀吉 巴拉$_{卜}$ 吉建 炯殿瑪

於諸方分無垢之光芒　甘露波濤充滿諸佛母

།ཁྱོད་ཀྱི་བཀའ་དྲིན་དག་གིས་བདག་ཅག་གི །ཡིད་ལ་འདོད་པ་ཐམས་ཅད་འགྲུབ་པར་མཛོད། །

確吉 嘎金 他$_{各}$給 達迦吉　怡拉 堆巴 湯結 竹巴最

以尊無比恩德爲我等　心中所有願求令成辦

དད་པའི་ཐལ་སྦྱར་མཆི་མས་མིག་བརླན་ཅིང་། །གདུང་བས་ཡིད་བསྐུལ་གསོལ་འདེབས་ང་རོ་ནི། །

堆貝 踏夾 契美 米各楞竟　東威 怡固 梭迭 阿柔尼

虔信合掌淚水潤眼眸　悲切勸請嗚咽虔祈禱

ཀུ་ར་རི་བཞིན་སྒྲོག་ལ་ཐུགས་རྗེའི་སྤྱན། །གཟིགས་ལ་ལེ་ལོ་མ་མཛད་བཅོམ་ལྡན་མ། །

故日阿 日以行 卓拉 突傑見　習拉 雷婁 瑪責 炯殿瑪

咕拉利般懇請大悲眼　薄伽梵母護佑莫懈怠

ཞེས་ཆོ་འཕྲུལ་གྱི་དུས་ཆེན་ལ་དད་པའི་ཇོས་སྦྱར་བའོ།། ||

於神變日虔信而修誦

【附錄四】尊德綠度母讚滿願尊勝風幡

若依某彼二成就事業　輕易之間能賜如意天
一切諸佛菩薩事業尊　頂禮阿雅達列（綠度母）總集
翠玉韶華端嚴須彌身　十萬相好祥瑞圖紋繞
悅意嬌美十六妙齡具　無漏安樂勝身極寬廣
事業如電迅速以大悲　不散漫恆憫愛有情故
無貪十萬蓮花高疊座　雙足菩薩跏趺姿欲起
虔者雖唯奉持尊名號　恆常令彼不越救護苑
救離八災十六危難故　右手勝施手印最端嚴
成爲一切三時勝者母　十萬勝子勇士唯一妹
有緣持明樂空能生友　胸中雙乳豐腴圓且廣
悲心於眾久遠串習勢　未馴伏眾亦如子憐愛
翠玉明月端嚴微笑者　唯僅憶念聖容最奪意
以因如有盡有之本智　萬法任顯不雜明朗朗
擁有尊知本智之雙眼　黑白不雜雙目縱且長
十萬投生連鬘詭詐詞　已盡斷除且於深廣法
善說教語甘露享用勢　聖容齒間散發曇花香
斷證功德壇城雖渾圓　隨貪（悲心）於眾韶華色身者
無垢潔白明月爲背帷　奪意美麗天女相好傲
清風徐徐稍略吹拂動　舞姿搖曳玉葉嬉戲般

祈念面前玉色韶華者　步伐緩緩移動綠度母
不染久遠欲貪之嗅味　十萬無漏等持以殊味
隨意活命之故聖身腰　最極纖細臍面有漩紋
攬伴無數福慧大海故　善生形體天女韶華者
厚臀渾圓著綾羅流蘇　雙足柔軟端正各份滿
不動等持寂靜滅之中　雖亦串習歷劫老神仙
唯於白裡透紅汝足指　即見之時靜慮撼動母
離邊中觀之內不動故　前胸正中開闊寬廣身
悲心之手攝受眾生故　手掌柔軟指節纖細長
法性不變神彩之長髮　清亮滋潤長而覆上身
輕風拂拂芬芳搖曳頂　族主阿彌陀佛頂上嚴
薄且柔軟天衣無雙之　柔觸尊身任何一分亦
觸時一切粗細之妄念　於樂空狀寂而斷煩母
青綠神彩環抱高山側　種種百色塗抹祥德般
擁有白紅諸色之綾羅　身佩悅意珍寶諸飾品
梵天天王帝釋等等眾　懸垂珍寶瓔珞長髮頂
頂禮汝足蓮花花瓣故　聖足足心優曇花束承
度母尊身一一部份亦　百數福德廣糧所成故
欲與八方虛空界之中　美麗形體之中最嚴者
某者信心意空純淨處　聖容壇城略微出現故
多劫所積愚暗盡除已　極獲解脫大城令明母

從由梵音迦拉頻迦音　所出都達拉之總持咒
唯以唸誦能拯救此與　來世諸畏親口允諾語
以此形美祥德韶華傲　發心證菩提與現證果
美麗形貌所具之心力　三時一切勝者無匹敵
如前讚辭以此白蓮花　親近度母歡欣之聖眼
我亦直至未得菩提間　願成無離隨後攝受因

本文係依據讚歎文之王「度母二十一禮讚文」，以二十一個偈頌來讚歎二十一尊度母。謹以此讚歎文進行供養，此暇滿身體仰賴度母（阿雅達列）的加持，遠離諸危難。

慈囊撰寫於東方普陀山聖地　祝禱吉祥善好光亮遍照三千界

【附錄五】度母四曼達儀軌二資糧心要

皈依與發心，首先，皈依境：

མདུན་གྱི་ནམ་མཁར་རྗེ་བཙུན་མ་མངོན་སུམ་དུ་བཞུགས་པར་གྱུར་པར་མོས་ལ།

敦幾朗喀解尊瑪恩孫篤修巴菊巴莫喇

勝解尊德母已經現實安住於前方虛空

皈依發心文：

ན་མོ། དཀོན་མཆོག་ཀུན་དངོས་རྗེ་བཙུན་མར། །བདག་སོགས་འགྲོ་ཀུན་སྐྱབས་སུ་མཆི།

那摩　袞卻棍恩解尊瑪　打索走棍駕署企

那摩　親爲三寶尊德母　我等眾生願皈依

བྱང་ཆུབ་སྨོན་པའི་སེམས་བསྐྱེད་ནས། །ཟབ་མོའི་ལམ་ལ་འཇུག་པར་བགྱི།

蔣秋莫杯森介餒　灑莫朗剌菊巴幾

發起菩提願心已　應當入於甚深道

（三次）

積資七支，第一，頂禮支：

རྗེ་བཙུན་འཕགས་མ་སྒྲོལ་མ་དང་། །ཕྱོགས་བཅུ་དུས་གསུམ་བཞུགས་པ་ཡི།

解尊帕瑪走瑪檔　卻糾堆孫修巴宜

尊德聖母度母與　安住十方三時之

།རྒྱལ་བ་སྲས་བཅས་ཐམས་ཅད་ལ། ཀུན་ནས་དང་བས་ཕྱག་འཚལ་ལོ།

賈瓦謝介湯介喇　棍餒檔偉恰岔羅

勝者佛子一切眾　普遍淨澈予頂禮

第二，獻供養之支：

མེ་ཏོག་བདུག་སྤོས་མར་མེ་དྲི། །ཞལ་ཟས་རོལ་མོ་ལ་སོགས་པ།

美墮篤播瑪昧吉　俠斜羅莫喇梭巴

鮮花薰香油燈塗　食物以及技樂等

།དངོས་འབྱོར་ཡིད་ཀྱིས་སྤྲུལ་ནས་འབུལ། །འཕགས་མའི་ཚོགས་རྣམས་བཞེས་སུ་གསོལ།

思糾宜幾住餒不　帕昧摸浪斜暑梭

實設心意化敬獻　聖母聚眾請納受

第三，懺罪支：

ཐོག་མ་མེད་ནས་ད་ལྟའི་བར། །མི་དགེ་བཅུ་དང་མཚམས་མེད་ལྔ།

托瑪梅餒打大把　米維糾檔倉昧阿

無始以來直至今　十不善與五無間

།སེམས་ནི་ཉོན་མོངས་དབང་འགྱུར་པའི། །སྡིག་པ་ཐམས་ཅད་བཤགས་པར་བགྱི།

森尼扭蒙旺糾北　底巴湯介夏巴幾

煩惱心力所始然　一切罪業皆懺悔

第四，隨喜支：

ཉན་ཐོས་རང་རྒྱལ་བྱང་ཆུབ་སེམས། །སོ་སོ་སྐྱེ་བོ་ལ་སོགས་པས།

捻退朗夾蔣秋森　梭梭介窩喇梭北

聲聞獨覺與菩薩　個別異生等等眾

།དུས་གསུམ་དགེ་བ་ཅི་བསགས་པའི། །བསོད་ནམས་ལ་ནི་བདག་ཡི་རང་།

堆孫給瓦計薩貝　索浪喇尼達宜朗

三時善行任已積　福德予之我隨喜

第五，祈請轉動法輪：

སེམས་ཅན་རྣམས་ཀྱི་བསམ་པ་དང་། །བློ་ཡི་བྱེ་བྲག་ཇི་ལྟ་བར།

森間浪幾三巴檔　洛宜解札幾大瓦

有情諸眾之意樂　如期智慧之差別

།ཆེ་ཆུང་ཐུན་མོང་ཐེག་པ་ཡི། །ཆོས་ཀྱི་འཁོར་ལོ་བསྐོར་དུ་གསོལ།

切瓊吞孟替巴宜　卻幾闊洛夠篤梭

大乘小乘和共乘　祈請轉動妙法輪

第六，祈請尊身不入涅槃：

འཁོར་བ་ཇི་སྲིད་མ་སྟོང་བར། །མྱ་ངན་མི་འདའ་ཐུགས་རྗེ་ཡིས།

闊瓦幾細瑪東巴　良恩米達兔介宜

直至輪迴未空際　祈請不入於涅槃

།སྡུག་བསྔལ་རྒྱ་མཚོར་བྱིང་བ་ཡི། །སེམས་ཅན་རྣམས་ལ་གཟིགས་སུ་གསོལ།

篤阿甲措錦瓦宜　森間浪喇昔暑梭

慈悲垂顧沈沒於　痛苦大海有情眾

第七，迴向支：

བདག་གི་བསོད་ནམས་ཅི་བསགས་པ། །ཐམས་ཅད་བྱང་ཆུབ་རྒྱུར་གྱུར་ནས།

達其梭浪幾薩巴　湯介蔣秋糾糾餒

任何我已積福德　皆成菩提之因已

།རིང་པོར་མི་ཐོགས་འགྲོ་བ་ཡི། །འདྲེན་པའི་དཔལ་དུ་བདག་གྱུར་ཅིག

林玻米拓走瓦宜　檢杯巴篤達糾計

祈願不需經長久　我成引領有情眾

加持諸供品：

ཨོཾ་བཛྲ་ཨ་མྲི་ཏ་ཀུཎྜ་ལི་ཧ་ན་ཧ་ན་ཧཱུྃ་ཕཊ།

唵班札阿彌爾達袞札里哈那哈那吽呸

加持諸供：

ཨོཾ་སྭ་བྷཱ་ཝ་ཤུདྡྷོ་སརྦ་དྷརྨ་སྭ་བྷཱ་ཝ་ཤུདྡྷོ྅ཧཾ།

唵娑巴瓦修豆薩爾瓦達爾瑪娑巴瓦修豆杭

灑除穢水：

གནས་ཡུལ་པདྨོ་བཀོད་པའི་ཞིང་། །དབྱིབས་དང་རྒྱན་བཀོད་ཚད་མེད་པར།

聶玉貝莫貴北形　一檔檢貴切昧巴

處所蓮花莊嚴刹　形制莊嚴且無量

།ལྷ་རྫས་ཏིང་འཛིན་ལས་གྲུབ་པའི། །མཆོད་རྫས་བསམ་མི་ཁྱབ་པར་གྱུར།

辣賊丁津雷竹北　卻賊三米恰巴糾

天物等持所成就　供物難思議已成

誦供養咒：

ཨོཾ་བཛྲ་ཨརྒྷཾ།　པཱདྱཾ།　པུཥྤེ།　དྷཱུ་པེ།　ཨཱ་ལོ་ཀེ།　གནྡྷེ།

唵班札阿岡　巴當　布貝　篤貝　阿洛給　更爹

ནཻ་ཝི་དྱ།　ཤབྡ་ཨཱཿཧཱུྃ།　ཨོཾ་བཛྲ་སྤ་ར་ཎ་ཁཾ།

聶威爹　夏達阿吽　唵班札薩帕那拉康

迎請資糧田：

ཕྱོགས་བཅུ་དུས་བཞི་བླ་མ་རྒྱལ་བ་སྲས་དང་བཅས་པ་ཐམས་ཅད་མདུན་གྱི་ནམ་མཁར་བཛྲ་ས་མཱ་ཛཿ

秋糾堆昔拉瑪賈瓦謝檔借巴湯介敦幾朗喀班札薩瑪札

十方四時上師勝者及佛子一切於前虛空班札薩瑪札

再唸誦：

མ་ལུས་སེམས་ཅན་ཀུན་གྱི་མགོན་གྱུར་ཅིང་། །བདུད་སྡེ་དཔུང་བཅས་མི་བཟད་འཇོམས་མཛད་ལྷ། །

瑪呂森間棍幾袞菊錦　堆迭笨介米斜炯賊辣

成爲無餘有情眾依怙　於諸無盡魔軍能摧伏

དངོས་རྣམས་མ་ལུས་ཇི་བཞིན་མཁྱེན་གྱུར་པའི། །བཅོམ་ལྡན་འཁོར་བཅས་གནས་འདིར་གཤེགས་སུ་གསོལ།

恩浪瑪呂幾形欠菊北　鐘滇闊介聶迪謝暑梭

如實通達無餘諸實有　祈請世尊攜眷降此處

།པདྨ་ཀ་མ་ལ་ཡེ་སྟྭཾ།

貝瑪噶瑪拉耶旦

敬獻七支，首先，頂禮分支：

ཇི་སྙེད་སུ་དག་ཕྱོགས་བཅུའི་འཇིག་རྟེན་ན། །དུས་གསུམ་གཤེགས་པ་མི་ཡི་སེང་གེ་ཀུན།

幾聶索達秋糾幾滇那　堆孫謝巴米宜星給棍

盡諸所有十方世間處　三時降臨一切人獅子

།བདག་གིས་མ་ལུས་དེ་དག་ཐམས་ཅད་ལ། །ལུས་དང་ངག་ཡིད་དྭངས་བས་ཕྱག་བགྱིའོ།

達其瑪呂迭達湯介喇　呂檔阿宜檔偉恰吉偶

我與無餘一切彼等眾　身與口心淨澈頂禮矣

個別以身門而頂禮：

བཟང་པོ་སྤྱོད་པའི་སྨོན་ལམ་སྟོབས་དག་གིས། །རྒྱལ་བ་ཐམས་ཅད་ཡིད་ཀྱིས་མངོན་སུམ་དུ།

嗓波最貝莫浪墮達眞　賈瓦湯介宜幾恩孫篤

皆由普賢行願諸威力　心意親現一切勝利者

།ཞིང་གི་རྡུལ་སྙེད་ལུས་རབ་བཏུད་པ་ཡིས། །རྒྱལ་བ་ཀུན་ལ་རབ་ཏུ་ཕྱག་འཚལ་ལོ།

形其篤聶呂辣對巴宜　賈瓦棍喇喇篤恰岔羅

以盡剎塵身軀深鞠躬　於勝者眾深深頂禮矣

其次，以心意頂禮：

རྡུལ་གཅིག་སྟེང་ན་རྡུལ་སྙེད་སངས་རྒྱས་རྣམས། །སངས་རྒྱས་སྲས་ཀྱི་དབུས་ན་བཞུགས་པ་དག

篤計丁那篤聶桑皆浪　桑吉謝幾玉那修巴達

於一塵上塵數佛陀眾　於諸佛子中間安住眾

།དེ་ལྟར་ཆོས་ཀྱི་དབྱིངས་རྣམས་མ་ལུས་པ། །ཐམས་ཅད་རྒྱལ་བ་དག་གིས་གང་བར་མོས།

迭大卻幾英浪瑪呂巴　湯介賈瓦達其感瓦妹

如彼於諸法界盡無餘　勝解一切勝者眾充滿

語言之頂禮：

དེ་དག་བསྔགས་པ་མི་ཟད་རྒྱ་མཚོ་རྣམས། །དབྱངས་ཀྱི་ཡན་ལག་རྒྱ་མཚོ་སྒྲ་ཀུན་གྱིས།

迭達阿巴米斜賈措浪　央幾演拉賈措眨棍幾

彼等可讚無盡大海眾　以諸聲調分支大海音

།རྒྱལ་བ་ཀུན་གྱི་ཡོན་ཏན་རབ་བརྗོད་ཅིང་། །བདེ་བར་གཤེགས་པ་ཐམས་ཅད་བདག་གིས་བསྟོད།

賈瓦棍幾永滇喇嘴錦　達瓦謝巴湯介達其對

虔誠諷誦勝者眾功德　我即讚歎一切善逝眾

第二，供養分支方面可以分為二項：有上供養與無上供養。

首先是初項：

མེ་ཏོག་དམ་པ་འཕྲེང་བ་དམ་པ་དང་། །སིལ་སྙན་རྣམས་དང་བྱུག་པ་གདུགས་མཆོག་དང་།

美隨堂巴千瓦堂巴檔　細念浪檔久巴篤卻檔

上勝美花上勝之環鬘　鐃鈸諸等塗香殊勝傘

།མར་མེ་མཆོག་དང་བདུག་སྤོས་དམ་པ་ཡིས། །རྒྱལ་བ་དེ་དག་ལ་ནི་མཆོད་པར་བགྱི།

瑪昧卻檔篤播堂巴宜　賈瓦迭達喇尼卻巴吉

殊勝油燈極勝之薰香　敬獻供養於彼勝者眾

།ན་བཟའ་དམ་པ་དང་ནི་དྲི་མཆོག་དང་། །ཕྱེ་མ་ཕུར་མ་རི་རབ་མཉམ་པ་དང་།

那灑堂巴檔尼幾卻檔　切瑪鋪瑪理辣諒巴檔

上勝華服殊勝之香水　香末香囊等同如須彌

།བཀོད་པ་ཁྱད་པར་འཕགས་པའི་མཆོག་ཀུན་གྱིས། །རྒྱལ་བ་དེ་དག་ལ་ནི་མཆོད་པར་བགྱི།

貴巴切巴帕杯卻棍幾　賈瓦迭達喇尼卻巴幾

以諸特別莊嚴且殊勝　敬獻供養於彼勝者眾

第二，無上供養：

མཆོད་པ་གང་རྣམས་བླ་མེད་རྒྱ་ཆེ་བ། །དེ་དག་རྒྱལ་བ་ཐམས་ཅད་ལ་ཡང་མོས།

卻巴感浪辣昧賈切瓦　迭達賈瓦湯介喇仰妹

諸種供品無上極廣大　彼等於諸勝者亦勝解

།བཟང་པོ་སྤྱོད་ལ་དད་པའི་སྟོབས་དག་གིས། །རྒྱལ་བ་ཀུན་ལ་ཕྱག་འཚལ་མཆོད་པར་བགྱི།

嗓波最喇迭貝隨達其　賈瓦棍喇恰岔卻巴吉

於普賢行信心諸威力　於勝者眾頂禮獻供養

第三，懺罪：

འདོད་ཆགས་ཞེ་སྡང་གཏི་མུག་དབང་གིས་ནི། །ལུས་དང་ངག་དང་དེ་བཞིན་ཡིད་ཀྱིས་ཀྱང་།

堆恰寫檔弟木汪其尼　呂檔阿檔迭形宜幾蔣

欲貪瞋恚愚痴所轉故　身體與口如彼以心意

།སྡིག་པ་བདག་གིས་བགྱིས་པ་ཅི་མཆིས་པ། །དེ་དག་ཐམས་ཅད་བདག་གིས་སོ་སོར་བཤགས།

底巴達其吉巴計企巴　迭達湯介達其梭梭夏

任凡所有我已造之罪　彼等一切我即各別懺

第四，隨喜：

ཕྱོགས་བཅུའི་རྒྱལ་བ་ཀུན་དང་སངས་རྒྱས་སྲས། །རང་རྒྱལ་རྣམས་དང་སློབ་དང་མི་སློབ་དང་།

秋糾賈瓦棍檔桑皆謝　朗賈浪檔洛檔米洛檔

十方一切勝者與佛子　獨覺眾與有學及無學

།འགྲོ་བ་ཀུན་གྱི་བསོད་ནམས་གང་ལ་ཡང་། །དེ་དག་ཀུན་གྱི་རྗེས་སུ་བདག་ཡི་རང་།

走瓦棍幾梭浪感喇仰　迭達棍幾節暑達宜朗

有情一切福德亦於彼　彼等一切功德我隨喜

第五，祈請轉動法輪：

གང་རྣམས་ཕྱོགས་བཅུའི་འཇིག་རྟེན་སྒྲོན་མ་རྣམས། །བྱང་ཆུབ་རིམ་པར་སངས་རྒྱས་མ་ཆགས་བརྙེས།

感浪秋糾幾滇准瑪浪　蔣秋林巴桑皆瑪恰聶

彼諸十方世間諸火炬　菩提次第無貪證佛果

།མགོན་པོ་དེ་དག་བདག་གིས་ཐམས་ཅད་ལ། །འཁོར་ལོ་བླ་ན་མེད་པར་བསྐོར་བར་བསྐུལ།

袞波迭達達其湯介喇　闊洛辣喇梅巴夠瓦固

我於一切彼等依怙主　敦請轉動無上妙法輪

第六，祈請不入涅槃：

མྱ་ངན་འདའ་སྟོན་གང་བཞེད་དེ་དག་ལ། །འགྲོ་བ་ཀུན་ལ་ཕན་ཞིང་བདེ་བའི་ཕྱིར།

兩恩達敦感斜迭達喇　走瓦棍喇片醒得威企

尊意示入涅槃於彼等　爲諸有情利益安樂故

།བསྐལ་པ་ཞིང་གི་རྡུལ་སྙེད་བཞུགས་པར་ཡང་། །བདག་གིས་ཐལ་མོ་རབ་སྦྱར་གསོལ་བར་བགྱི།

尬巴形其篤矗修巴仰　達其踏莫喇夾梭瓦幾

盡有剎塵之劫能駐世　我亦雙手合掌誠祈請

第七，迴向：

ཕྱག་འཚལ་བ་དང་མཆོད་ཅིང་བཤགས་པ་དང་། །རྗེས་སུ་ཡི་རང་བསྐུལ་ཞིང་གསོལ་བ་ཡི།

恰岔瓦檔卻錦夏巴檔　節暑宜朗固醒梭瓦宜

頂禮供養以及行懺罪　隨喜以及敦請並祈請

།དགེ་བ་ཅུང་ཟད་བདག་གིས་ཅི་བསགས་པ། །ཐམས་ཅད་བདག་གིས་བྱང་ཆུབ་ཕྱིར་བསྔོའོ།

給瓦鐘些達其計薩巴　湯介達其蔣秋企偶偶

些許善根任何我已積　一切我爲菩提迴向矣

其次，向總體三寶敬獻曼達：

ཨོཾ་ཨཱཿཧཱུྃ།

唵阿吽

敬獻供品：

བདག་དང་མཐའ་ཡས་སེམས་ཅན་གྱི། །ལུས་དང་ལོངས་སྤྱོད་དགེ་ཚོགས་ཀུན།

達檔踏耶森間幾　呂檔攏最給措棍

我與無邊有情之　身軀受用諸善聚

།གླིང་བཞིའི་རི་རབ་ཉི་ཟླར་བཅས། །ལྷ་མིའི་ལོངས་སྤྱོད་བསམ་མི་ཁྱབ།

林希李辣尼達介　辣米攏最三米恰

四洲山王與日月　天人受用難思議

ཀུན་བཟང་མཆོད་པའི་སྤྲིན་ཕུང་ཆེ། །རྒྱུན་མི་ཆད་པར་སྤྲུལ་བྱས་ཏེ།

棍桑卻貝金彭切　均米切巴住節迭

普賢供品大雲堆　流續不斷變化已

དཀོན་མཆོག་རིན་ཆེན་རྩ་བ་གསུམ། །ཆོས་སྲུང་ནོར་ལྷ་རྒྱ་མཚོ་ལ།

袞卻林千札瓦孫　卻松諾辣賈措喇

希勝珍寶三根本　法衛財神海會眾

གུས་པས་རྟག་ཏུ་འབུལ་བར་བགྱི། །བསོད་ནམས་ཚོགས་ཆེན་རབ་རྫོགས་ནས།

骨杯大篤不瓦幾　梭浪措千喇卓餒

恭敬恆常行敬獻　福德大糧極圓已

།ཡེ་ཤེས་སྣང་བ་རྒྱས་པར་ཤོག

也謝浪瓦節巴秀

願智光亮最增廣

།ཨོཾ་གུ་རུ་དེ་ཝ་ཌཱ་ཀི་ནཱི་སརྦ་རཏྣ་མཎྜལ་པཱུ་ཛ་མེ་གྷ་ཨ་ཧཱུཾ།

唵古魯得瓦札基尼薩爾瓦列那曼札喇布札昧噶阿吽

獻所求事：

ན་མོ།

那摩

སངས་རྒྱས་ཆོས་དང་དགེ་འདུན་དང་། །བླ་མ་ཡི་དམ་མཁའ་འགྲོ་དང་།

桑皆卻檔耿敦檔　拉瑪宜堂康走檔

佛陀正法與僧伽　上師本尊與空行

།ཆོས་སྲུང་ནོར་ལྷ་གཏེར་གྱི་བདག །ཡེ་ཤེས་གཅིག་གི་ངོ་བོ་ལས།

卻松諾辣迭幾達　也謝計其偶窩雷

法衛財神寶藏主　由一本智之本質

།རང་བཞིན་མ་འགགས་ཅིར་ཡང་སྟོན། །ཐུགས་རྗེ་ཕྲིན་ལས་རྨད་པོ་ཆེ།

朗形瑪尬計仰敦　兔介青列昧波切

自性不滅任示現　大悲事業最奇罕

།འགྲོ་ཀུན་སྐྱབས་དང་མགོན་གྱུར་པ། །མཁྱེན་བརྩེའི་བདག་ཉིད་ཁྱེད་རྣམས་ལ།

走棍駕檔袞菊巴　千這打匿切浪喇

成爲有情救依怙　智愛之主於尊眾

།ཕྱག་འཚལ་སྙིང་ནས་སྐྱབས་སུ་མཆི། །ལུས་དང་ལོངས་སྤྱོད་མཆོད་པ་འབུལ།།

恰岔林餒駕暑企　呂檔攏最卻巴不

頂禮衷心而皈依　敬獻身體受用供

བདག་དང་མཐའ་ཡས་སེམས་ཅན་རྣམས། །རྟག་ཏུ་ཐུགས་རྗེའི་སྐྱབས་མཛོད་གསོལ།

達檔路耶森間浪　大篤兔介駕賊梭

我與無邊有情眾　祈請常以悲心救

།ནད་དང་གནོད་པ་ཞི་བ་དང་། །ཚེ་དང་བསོད་ནམས་འཕེལ་བ་དང་།

餒檔聶巴息瓦檔　切檔梭浪佩瓦檔

疾病傷害皆止息　壽與福報皆增長

།བསམ་པའི་དོན་རྣམས་མ་ལུས་ཀུན། །ཆོས་བཞིན་འགྲུབ་པར་བྱིན་གྱིས་རློབས།

三杯敦浪瑪呂巴　卻形竹巴錦幾洛

所思事情盡無餘　如法成辦予加持

生起天尊身：

རང་ཉིད་སྐད་ཅིག་དྲན་རྫོགས་སུ། །རྗེ་བཙུན་འཕགས་མའི་སྐུར་གསལ་བའི།

朗匿給計檢卓署　姐尊帕昧固薩偉

自己剎那圓念間　明現尊德聖母身

།ཐུགས་ཀར་ཟླ་སྟེང་ཏཾ་ལྗང་ཁུ། །དེ་ལས་འོད་ཟེར་དཔག་ཡས་འཕྲོས།

兔尬打滇當講庫　迭雷偉謝爸耶翠

心間月上當綠色　由彼無量毫光射

།འཕགས་མ་རྣམ་འཕྲུལ་ཉེར་གཅིག་དང་། །དཀོན་མཆོག་རྒྱ་མཚོ་སྤྲིན་འཁྲིགས་པ།

帕瑪浪促聶計檔　棍卻賈措金替巴

聖母化現廿一尊　三寶海會雲密佈

།མདུན་གྱི་ནམ་མཁར་སྤྱན་དྲང་གྱུར།
敦幾朗喀間卓糾
於前虛空已迎請

祈請：

ཊཱྃ།
當

སྐྱེ་མེད་འོད་གསལ་ཆོས་སྐུའི་དབྱིངས། །འགགས་མེད་འཕགས་མའི་ཡེ་ཤེས་སྐུར།
介昧偉薩卻固英　噶昧帕莫也謝固
無生光明法身界　不滅聖母本智身

།གང་འདུལ་སྤྲུ་འཕྲུལ་དྲྭ་བར་ཤར། །ཚུལ་གཤེགས་ཨཱརྱ་ཏཱ་ར་ཛཿ
感讀久促札瓦夏　促謝阿雅達拉札
隨伏出現幻化網　蒞此阿雅達拉札

祈請安居：

བདག་དང་འགྲོ་ལ་ཐུགས་བརྩེའི་ཕྱིར། །ཉིད་ཀྱི་རྫུ་འཕྲུལ་མཐུ་ཡིས་ནི།
達檔走喇兔介企　匿幾久促兔宜尼
關愛我與眾生故　以尊神變大威勢

།ཇི་སྲིད་མཆོད་པ་བདག་བགྱིད་པ། །དེ་སྲིད་བཅོམ་ལྡན་བཞུགས་སུ་གསོལ།
幾細卻巴達吉巴　迭細鐘滇修暑梭
直至我敬獻供養　彼時世尊請安住

།པདྨ་ཀ་མ་ལ་སྟྭཾ།

貝瑪噶瑪拉當

獻總供養：

ཨོཾ།

唵

དངོས་འབྱོར་ཡིད་ལས་བྱུང་བ་ཡི། །ཀུན་ཏུ་བཟང་པོའི་མཆོད་སྤྲིན་གྱིས།

恩糾宜匿炯瓦宜　棍篤桑波卻津幾

實陳由心所出之　普賢供養之雲朵

།ཆོས་དབྱིངས་རྒྱས་པར་བསྒང་བྱས་ཏེ། །འཕགས་མ་སྒྲོལ་མ་འཁོར་བཅས་མཆོད།

卻英姐巴甘杰迭　帕瑪卓瑪闊介卻

廣大充滿於法界　供養聖母度母眷

ཨོཾ་ཨཱརྱ་ཏཱ་རེ་ས་པ་རི་ཝཱ་ར་བཛྲ་ཨརྒྷཾ། པཱདྱཾ། པུཥྤེ། དྷཱུ་པེ།

唵阿雅達列薩巴里瓦拉班札阿岡　巴當　不貝　篤貝

ཨཱ་ལོ་ཀེ གནྡྷེ། ནེ་ཝི་དྱ། ཤབྡ་པྲ་ཏཱི་ཙྪ་སྭཱ་ཧཱ།

阿洛給　更爹　聶威爹　夏達札底岔娑哈

敬獻個別曼達：

ཨོཾ་ཨཱཿཧཱུྃ།

唵啊吽

།ཁམས་གསུམ་སྣོད་བཅུད་དཔལ་འབྱོར་དང༌། །བདག་ལུས་ལོངས་སྤྱོད་དགེ་ཚོགས་ཀུན།
康孫聶糾巴久檔　打呂攏最給措棍
三界情器諸財富　我身受用諸善聚

།ཐུགས་རྗེའི་བདག་ཉིད་རྣམས་ལ་འབུལ། །བཞེས་ནས་བྱིན་གྱིས་བརླབ་ཏུ་གསོལ།
兔介打匿浪喇不　斜餒錦幾辣篤梭
敬獻大悲主尊眾　受已祈請賜加持

།ཨོཾ་སརྦ་ཏ་ཐཱ་ག་ཏ་ར་ཏྣ་མཎྜལ་པཱུ་ཛ་ཧོ།
唵薩瓦達他噶達列那曼札拉布拉霍

唸誦二十一度母禮讚文二次

復又唸誦：

ཨོཾ།
唵

དངོས་འབྱོར་ཡིད་ལས་བྱུང་བ་ཡི། །ཀུན་ཏུ་བཟང་པོའི་མཆོད་སྤྲིན་གྱིས།
恩糾宜匿炯瓦宜　棍篤桑波卻津幾
實陳由心所出之　普賢供養之雲朵

།ཆོས་དབྱིངས་རྒྱས་པར་བསྐང་བྱས་ཏེ། །འཕགས་མ་སྒྲོལ་མ་འཁོར་བཅས་མཆོད།
卻英姐巴甘杰迭　帕瑪卓瑪闊介卻
廣大充滿於法界　供養聖母度母眷

ཨོཾ་ཨཱརྱ་ཏཱ་རེ་ས་པ་རི་ཝཱ་ར་བཛྲ་ཨརྒྷཾ། པཱདྱཾ། པུཥྤེ། དྷཱུ་པེ།

唵阿雅達列薩巴里瓦拉班札阿岡　巴當　不貝　篤貝

ཨ་ལོ་ཀེ། གནྡྷེ། ནེ་ཝི་དྱ། ཤབྡ་པྲ་ཏཱི་ཙྪ་སྭཱ་ཧཱ།

阿洛給　更爹　聶威爹　夏達札底岔娑哈

個別誦：

ཨོཾ་ཨཱཿཧཱུྃ།

唵啊吽

།ཁམས་གསུམ་སྣོད་བཅུད་དཔལ་འབྱོར་དང་།། བདག་ལུས་ལོངས་སྤྱོད་དགེ་ཚོགས་ཀུན།

康孫聶糾巴久檔　打呂攏最給措棍

三界情器諸財富　我身受用諸善聚

།ཐུགས་རྗེའི་བདག་ཉིད་རྣམས་ལ་འབུལ། །བཞེས་ནས་བྱིན་གྱིས་བརླབ་ཏུ་གསོལ།

兔介打匿浪喇不　斜餒錦幾辣篤梭

敬獻大悲主尊眾　受已祈請賜加持

།ཨོཾ་སརྦ་ཏཱ་ཐཱ་ག་ཏ་རཏྣ་མཎྜལ་པཱུ་ཛ་ཧོ།

唵薩瓦達他噶達列那曼札拉布拉霍

ཕྱག་གཡས་མཆོག་སྦྱིན་ཕྱག་རྒྱ་ཉིད། །སྐྱབས་སྦྱིན་ཕྱག་རྒྱར་གྱུར་པའི་འོག

恰耶卻津恰嘉匿　駕津恰嘉久北偶

右手勝施之手印　轉為救施印下方

།བདག་དང་སྲུང་བྱ་ཀུན་ཚུད་ནས། །འཇིགས་པ་ཀུན་ལས་དབུགས་དབྱུང་གྱུར།

達檔松嘉棍去餒　幾巴棍磊屋永菊

我與所護眾已入　離諸怖畏得寬恕

唸誦二十一度母禮讚文三次

又唸誦：

ཨོཾ།

唵

དངོས་འབྱོར་ཡིད་ལས་བྱུང་བ་ཡི། །ཀུན་ཏུ་བཟང་པོའི་མཆོད་སྤྲིན་གྱིས།

恩糾宜匿炯瓦宜　棍篤桑波卻津幾

實陳由心所出之　普賢供養之雲朵

།ཆོས་དབྱིངས་རྒྱས་པར་བསྐང་བྱས་ཏེ། །འཕགས་མ་སྒྲོལ་མ་འཁོར་བཅས་མཆོད།

卻英姐巴甘杰迭　帕瑪卓瑪闊介卻

廣大充滿於法界　供養聖母度母眷

ཨོཾ་ཨཱརྱ་ཏཱ་རེ་ས་པ་རི་ཝཱ་ར་བཛྲ་ཨརྒྷཾ། པཱདྱཾ། པུཥྤེ། དྷཱུ་པེ།

唵阿雅達列薩巴里瓦拉班札阿岡　巴當　不貝　篤貝

ཨ་ལོ་ཀེ། གནྡྷེ། ནེ་ཝི་དྱ། ཤབྡ་པྲ་ཏཱི་ཙྪ་སྭཱ་ཧཱ།

阿洛給　更爹　聶威爹　夏達札底岔娑哈

ཨོཾ་ཨཱཿཧཱུྃ།

唵啊吽

ཁམས་གསུམ་སྣོད་བཅུད་དཔལ་འབྱོར་དང་།། བདག་ལུས་ལོངས་སྤྱོད་དགེ་ཚོགས་ཀུན།

康孫聶糾巴久檔　打呂攏最給措棍

三界情器祥財富　我身受用諸善聚

།ཐུགས་རྗེའི་བདག་ཉིད་རྣམས་ལ་འབུལ། །བཞེས་ནས་བྱིན་གྱིས་བརླབ་ཏུ་གསོལ།

兔介打匿浪喇不　斜餒錦幾辣篤梭

敬獻大悲主尊眾　受已祈請賜加持

།ཨོཾ་སརྦ་ཏ་ཐཱ་ག་ཏ་རཏྣ་མཎྜལ་པཱུ་ཛ་ཧོ།

唵薩瓦達他噶達列那曼札拉布拉霍

又唸誦：

སྐུ་ལས་བདུད་རྩི་རྒྱུན་བབས། །རང་དང་སྲུང་བྱའི་སྤྱི་བོ་ནས།

固雷堆計秋君把　朗檔松皆基窩餒

尊身降注甘露流　由我所護之頭頂

།ཞུགས་ཏེ་ལུས་ཀུན་གང་བ་ཡིས། །བྱིན་རླབས་མ་ལུས་ཞུགས་པར་གྱུར།

修迭呂棍感瓦宜　錦辣瑪呂修巴糾

入已充滿全身軀　無餘加持已趣入

唸誦二十一度母禮讚文七次

其次，結行敬獻食子：

ཨོཾ་བཛྲ་ཨ་མྲི་ཏ་ཀུཎྜ་ལི་ཧ་ན་ཧ་ན་ཧཱུྃ་

唵班札阿彌爾達袞札里哈那哈那吽呸

ཨོཾ་སྭ་བྷཱ་ཝ་ཤུདྡྷཱ་སརྦ་དྷརྨཱ་སྭ་བྷཱ་ཝ་ཤུདྡྷཱ་ཧཾ།

唵梭巴瓦修達薩爾瓦達爾瑪梭巴瓦修多杭

སྟོང་པའི་ངང་ལས་ཨོཾ་ཡིག་ལས། །རིན་ཆེན་སྣོད་མཆོག་ཡངས་པའི་ནང་།

東杯昂餒唵宜雷　領千虐卻仰杯昂

由空狀態由唵字　勝寶器皿廣大內

།འབྲུ་གསུམ་ལས་བྱུང་གཏོར་མ་ནི། །ཟག་མེད་ཡེ་ཤེས་བདུད་རྩིར་གྱུར།

主孫磊炯多瑪尼　灑昧也謝堆計菊

三字而出食子者　已成無漏智甘露

再唸誦：

ཨོཾ་ཨཱཿཧཱུྃ༔

唵啊吽

供食子咒：

ཨོཾ་ཨཱརྱ་ཏཱ་རེ་ས་པ་རི་ཝཱ་ར་ཨི་དཾ་བ་ལིང་ཏ་ཁ་ཁ་ཁཱ་ཧི་ཁཱ་ཧི།

唵阿雅達列薩巴里瓦拉宜堂巴林大卡卡卡嘻卡嘻

敬獻眷屬與眾賓客：

ༀ་ཨ་ཀཱ་རོ་མུ་ཁཾ་སརྦ་དྷརྨ་ཎཱཾ་ཨཱདྱ་ནུཏྤནྣ་ཏོ་ཏྭཱ། ༀ་ཨཿཧཱུྃ་ཕཊ་སྭཱ་ཧཱ།

唵阿噶若木康薩爾瓦達爾瑪南阿雅努邊那多達　唵啊吽呸娑哈

陳欲求事：

ༀ།

唵

མཆོད་སྦྱིན་གཏོར་མ་དམ་པ་འདི། །ཡེ་ཤེས་ཆེན་པོའི་རྗེས་དགོངས་ལ།

卻金多瑪堂巴迪　也謝千播杰鞏喇

供施純正此食子　偉大本智隨垂念

།བདེ་བ་ཆེན་པོ་བཞེས་ནས་ཀྱང་། །དངོས་གྲུབ་མ་ལུས་སྩལ་དུ་གསོལ།

迭瓦千玻斜餒講　恩珠瑪呂炸篤梭

雖然已享用大樂　請賜無餘諸成就

結行以感謝大恩理趣而敬獻供養與讚歎，首先敬獻供養：

ༀ་ཨཱཪྻ་ཏཱ་རེ་ས་པ་རི་ཝཱ་ར་བཛྲ་ཨརྒྷཾ། པཱདྱཾ། པུཥྤེ། དྷཱུ་པེ།

唵阿雅達列薩巴里瓦拉班札阿岡　巴當　不貝　篤貝

ཨཱ་ལོ་ཀེ། གནྡྷེ། ནེ་ཝི་དྱ། ཤབྡ་པྲ་ཏཱིཙྪ་སྭཱ་ཧཱ།

阿洛給　更爹　聶威爹　夏達札底岔娑哈

敬獻讚歎：

ཨོཾ།

唵

སྣང་བ་མཐའ་ཡས་པདྨའི་རིགས། །འཇིག་རྟེན་དབང་ཕྱུག་ཞལ་ལས་བྱུང་།

浪瓦踏耶杯昧黎　幾滇旺秋俠雷炯

阿彌陀佛蓮花部　世間自在聖容出

།སངས་རྒྱས་ཀུན་གྱི་ཕྲིན་ལས་བདག །འཕགས་མ་སྒྲོལ་མར་ཕྱག་འཚལ་བསྟོད།།

桑皆棍幾青列達　帕瑪卓瑪恰岔對

一切諸佛事業主　頂禮讚歎聖度母

唸誦：

བསྟོད་པར་འོས་པ་ཐམས་ཅད་ལ། །ཞིང་རྡུལ་ཀུན་གྱི་གྲངས་སྙེད་ཀྱི།

對巴偉巴湯介喇　醒篤棍幾掌聶幾

於彼一切適讚歎　盡其所有剎塵數

།ལུས་བཏུད་པ་ཡིས་རྣམ་ཀུན་ཏུ། །མཆོག་ཏུ་དད་པས་བསྟོད་པར་བགྱི།

呂對也宜浪棍篤　卻篤迭杯對巴幾

身軀鞠躬且隨時　最勝信心行讚歎

祈請垂怙念：

རྗེ་བཙུན་འཕགས་མ་འཁོར་དང་བཅས། །དམིགས་མེད་ཐུགས་རྗེས་བརྩེ་དགོངས་ལ།

姐尊帕瑪闊檔介　米昧兔介這鞏喇

尊德聖母與眷屬　無緣大悲愛垂念

།བདག་གིས་ཇི་ལྟར་གསོལ་བའི་དོན། །གེགས་མེད་འགྲུབ་པར་བྱིན་གྱིས་རློབས།

達其幾大娑瓦敦　給咪竹巴錦幾洛

我所祈求諸事業　加持無礙而成辦

發願：願佛聖教增廣：

སངས་རྒྱས་བསྟན་པ་དར་ཞིང་རྒྱས།། བསྟན་འཛིན་ཐུགས་མཐུན་ཞབས་པད་བརྟན།

桑皆滇巴達醒杰　滇津兔吞俠杯滇

佛陀聖教廣增揚　持教和睦足蓮固

།ཉེར་འཚེའི་བར་ཆད་ཀུན་ཞི་ཞིང་། །བཤད་སྒྲུབ་ཕྲིན་ལས་འཕེལ་བར་མཛོད།

聶切把切棍昔醒　謝珠青列佩瓦嘴

近害阻礙皆止息　講修事業令增長

其次，祈願此世界快樂幸福：

ནད་མུག་འཁྲུགས་རྩོད་ཞི་བ་དང་། །ཆོས་ལྡན་དཔལ་འབྱོར་གོང་དུ་འཕེལ།

餒目促最昔瓦檔　卻滇班久鞏篤佩

疾病飢荒戰止息　具法祥富向上增

།ཆོས་སྐྱོང་རྒྱལ་པོའི་མངའ་ཐང་རྒྱས། །རྒྱལ་ཁམས་མཐའ་དབུས་བདེ་བར་མཛོད།

卻炯賈播阿湯杰　賈康踏玉迭瓦嘴

護法國王權勢廣　國家中邊令安樂

祈請救離畏懼與痛苦：

འཇིགས་པ་བཅུ་དྲུག་དུས་མིན་འཆི། །རྨི་ལམ་མཚན་མ་ངན་པ་དང་།

幾巴句珠堆民企　覓朗千瑪恩巴檔

十六怖畏非時死　夢境凶惡相兆與

།འཁོར་བ་ངན་སོང་སྡུག་བསྔལ་སོགས། །གནས་སྐབས་མཐར་ཐུག་འཇིགས་ལས་སྐྱོབས།

闢瓦恩松篤阿娑　聶尬踏兔幾雷救

輪迴惡趣痛苦等　救離暫時究竟怖

特別發願生出菩提心等等：

ཚེ་བསོད་དབང་ཐང་ཉམས་རྟོགས་འཕེལ། །མི་དགེའི་རྟོག་པ་མི་འབྱུང་ཞིང་།

切索旺湯兩墮佩　米給墮包米炯醒

壽福權勢覺證增　不善妄念不生出

།བྱང་ཆུབ་སེམས་གཉིས་རྩོལ་མེད་སྐྱེས། །བསམ་དོན་ཆོས་བཞིན་འགྲུབ་པར་མཛོད།

講秋森匿捉昧介　三敦卻形竹巴嘴

二菩提心油然生　如法願事令成辦

祈願與尊德度母不相離別：

འདི་ནས་བྱང་ཆུབ་སྙིང་པོའི་བར། །བུ་གཅིག་པོ་ལ་མ་བཞིན་དུ།

底餒講秋林波巴　不計玻喇瑪形篤

今起菩提藏之間　猶如母親於獨子

།འབྲལ་མེད་ཐུགས་རྗེའི་སྤྱན་གྱིས་གཟིགས། །ཉིད་དང་དབྱེར་མེད་མཛད་དུ་གསོལ།

眨昧兔介間幾昔　匿檔葉昧賊篤梭

悲眼不離而看顧　請令與尊成無別

以咒語敦請尊意相續：

མདུན་བསྐྱེད་འོད་ཞུ་རང་ལ་ཐིམ། །དབྱེར་མེད་ཉིད་དུ་བྱིན་རླབས་པས།

敦介偉修朗喇聽　葉昧匿篤錦辣貝

對生化光融入我　已加持成無別故

།རང་ཉིད་འཕགས་མ་སྒྲོལ་མའི་སྐུ། །སྣང་ལ་རང་བཞིན་མེད་པར་གྱུར།

朗匿帕瑪卓昧固　浪喇朗形梅巴菊

自己聖母度母身　已成顯而無自性

一心專注於天尊身所緣境，之後持誦度母十字咒：

ཨོཾ་ཏཱ་རེ་ཏུཏྟཱ་རེ་ཏུ་རེ་སྭཱ་ཧཱ།

唵達列都達列都列娑哈

唸誦百字明咒一或三遍

懺悔與補缺：

མ་རྙེད་ཡོངས་སུ་མ་ཚང་དང་། །གང་ཡང་ནུས་པ་མ་མཆིས་པ།

瑪聶永署瑪倉檔　感仰女巴瑪企巴

未獲未能皆齊備　任何亦無能力者

།འདིར་ནི་བགྱི་བ་གང་ནོངས་པ། །དེ་ཀུན་ཁྱེད་ཀྱི་བཟོད་མཛད་རིགས།

底尼幾瓦感絨巴　迭棍切幾水賊黎

於此所行何過錯　彼等請尊理寬忍

送駕：

ཨོཾ།

唵

ཁྱེད་ཀྱི་སེམས་ཅན་དོན་ཀུན་མཛད། །རྗེས་སུ་མཐུན་པའི་དངོས་གྲུབ་སྩོལ།

切幾森間敦棍賊　杰署呑杯恩珠捉

尊行眾生一切事　賜予隨順之成就

།སངས་རྒྱས་ཡུལ་དུ་གཤེགས་སུ་གསོལ། །སླར་ཡང་འབྱོན་པར་མཛད་དུ་གསོལ།

桑皆悠篤謝署梭　辣仰炯也賊篤梭

祈請駕返佛國境　祈請復又行降臨

བཛྲ་མུཿ

班札目

收攝：

ལྷ་དང་རང་སེམས་དབྱེར་མེད་པ། །ཆོས་དབྱིངས་གཞུག་མའི་ངང་ལ་བཞག

辣檔朗森葉昧巴　卻英扭昧昂喇俠

天尊己心爲無別　置於法界本然狀

迴向發願：

དགེ་བ་འདི་ཡིས་མྱུར་དུ་བདག །འཕགས་མ་སྒྲོལ་མ་འགྲུབ་གྱུར་ནས།

給瓦迪宜扭篤達　帕瑪卓瑪竹糾餒

以此善行我迅速　成就聖母度母已

།འགྲོ་བ་གཅིག་ཀྱང་མ་ལུས་པ། །དེ་ཡི་ས་ལ་འགོད་པར་ཤོག

走瓦計蔣瑪呂巴　迭宜薩喇貴巴秀

一位眾生亦無餘　祈願置於彼果位

吉祥祝願辭句：

།ཡིད་བཞིན་ནོར་དང་བུམ་པ་བཟང་པོ་ལྟར། །བསམ་པའི་དོན་ཀུན་ཐོགས་མེད་སྩོལ་མཛད་པ།

宜形諾檔本巴桑波大　三杯敦棍拓昧卓賊喇

如同如意寶珠善寶瓶　能賜一切願求事無礙

།རྗེ་བཙུན་སྒྲོལ་མ་རྒྱལ་བ་སྲས་དང་བཅས། །མི་འབྲལ་ཐུགས་རྗེའི་སྐྱོང་བའི་བཀྲ་ཤིས་ཤོག

姐尊卓瑪賈瓦謝檔介　米貶兔介炯威札希秀

尊德度母勝者伴公子　不離大悲護佑願吉祥

།ཕྱག་འཚལ་ཉེར་གཅིག་གི་བསྟོད་པ་དང་ཕན་ཡོན་ནི།

【附錄六】二十一度母頂禮讚歎文與功德利益

ཨོཾ་རྗེ་བཙུན་མ་འཕགས་མ་སྒྲོལ་མ་ལ་ཕྱག་འཚལ་ལོ།

唵傑尊瑪帕瑪卓瑪喇恰岔洛

唵頂禮尊德母聖母度母

།ཕྱག་འཚལ་ཏཱ་རེ་མྱུར་མ་དཔའ་མོ། །ཏུཏྟཱ་རེ་ཡིས་འཇིགས་པ་སེལ་མ།

恰岔達列扭瑪巴摩　都達列宜幾巴謝瑪

頂禮達列速母勇母　都達列故除畏懼母

།ཏུ་རེས་དོན་ཀུན་སྦྱིན་པས་སྒྲོལ་མ། །སྭཱ་ཧཱའི་ཡི་གེ་ཁྱོད་ལ་འདུད་དོ།

都列敦袞錦杯卓瑪　娑哈乙格卻喇堆朵

都列賜予諸事度母　娑哈文字於汝禮矣

（一）

ཕྱག་འཚལ་སྒྲོལ་མ་མྱུར་མ་དཔའ་མོ། །སྤྱན་ནི་སྐད་ཅིག་གློག་དང་འདྲ་མ།

恰岔卓瑪扭瑪巴摩　間尼給計洛擋眨瑪

頂禮度母速母勇母　雙目剎那如電閃母

།འཇིག་རྟེན་གསུམ་མགོན་ཆུ་སྐྱེས་ཞལ་གྱི། །གེ་སར་བྱེ་བ་ལས་ནི་བྱུང་མ།

幾滇孫袞去介俠幾　給薩姐瓦磊尼炯瑪

三世間怙蓮花面之　花蕊開放所出之母

（二）

ཕྱག་འཚལ་སྟོན་ཀའི་ཟླ་བ་ཀུན་ཏུ། །གང་བ་བརྒྱ་ནི་བརྩེགས་པའི་ཞལ་མ།

恰岔敦給達瓦棍篤　感瓦賈尼這貝俠瑪

頂禮秋季明月週遍　圓滿百數層疊面母

།སྐར་མ་སྟོང་ཕྲག་ཚོགས་པ་རྣམས་ཀྱིས། །རབ་ཏུ་ཕྱེ་བའི་འོད་རབ་འབར་མ།

尬瑪東岔措巴囊幾　喇篤切偉屋拉巴瑪

千數星宿眾所聚集　最極照射勝光燦母

（三）

ཕྱག་འཚལ་སེར་སྔོ་ཆུ་ནས་སྐྱེས་ཀྱི། །པདྨས་ཕྱག་ནི་རྣམ་པར་བརྒྱན་མ།

恰岔謝歐去餒介幾　杯昧恰尼浪巴檢瑪

頂禮金青由水生之　蓮花於手勝莊嚴母

།སྦྱིན་པ་བརྩོན་འགྲུས་དཀའ་ཐུབ་ཞི་བ། །བཟོད་པ་བསམ་གཏན་སྤྱོད་ཡུལ་ཉིད་མ།

錦巴尊珠尬兔昔瓦　索巴三滇就悠尼瑪

布施精進苦行寂止　安忍靜慮行境之母

（四）

ཕྱག་འཚལ་དེ་བཞིན་གཤེགས་པའི་གཙུག་ཏོར། །མཐའ་ཡས་རྣམ་པར་རྒྱལ་བ་སྤྱོད་མ།

恰岔得形謝貝杜多　塔耶囊巴賈瓦就瑪

頂禮如來頂髻之處　無邊最大尊勝行母

།མ་ལུས་ཕ་རོལ་ཕྱིན་པ་ཐོབ་པའི། །རྒྱལ་བའི་སྲས་ཀྱིས་ཤིན་ཏུ་བསྟེན་མ།

瑪呂帕洛慶巴拓貝　賈威謝幾杏篤滇瑪

獲得無餘到達彼岸　諸佛勝子最依止母

（五）

ཕྱག་འཚལ་ཏུཏྟཱ་ར་ཧཱུྃ་ཡི་གེ། །འདོད་དང་ཕྱོགས་དང་ནམ་མཁའ་གང་མ།

恰岔都達拉吽乙給　堆檔秋檔囊喀感瑪

頂禮都達拉吽文字　欲方虛空遍充滿母

།འཇིག་རྟེན་བདུན་པོ་ཞབས་ཀྱིས་མནན་ཏེ། །ལུས་པ་མེད་པར་འགུགས་པར་ནུས་མ།

幾滇敦波俠幾嫩待　呂巴美巴古巴女瑪

七種世間以足壓伏　無有遺漏能勾召母

（六）

ཕྱག་འཚལ་བརྒྱ་བྱིན་མེ་ལྷ་ཚངས་པ། །རླུང་ལྷ་སྣ་ཚོགས་དབང་ཕྱུག་མཆོད་མ།

恰岔賈津美辣倉巴　隆辣那措汪秋卻瑪

頂禮帝釋火神梵天　風神種種自在供母

།འབྱུང་པོ་རོ་ལངས་དྲི་ཟ་རྣམས་དང་། །གནོད་སྦྱིན་ཚོགས་ཀྱིས་མདུན་ནས་བསྟོད་མ།

炯波若朗哲薩囊檔　怒金措幾敦餒對瑪

魑魅起屍食香等眾　夜叉聚眾前讚嘆母

（七）

ཕྱག་འཚལ་ཏྲཊ་ཅེས་བྱ་དང་ཕཊ་ཀྱིས། ཕ་རོལ་འཁྲུལ་འཁོར་རབ་ཏུ་འཇོམས་མ།

恰岔這介夾檔佩幾　帕洛促闊辣篤炯瑪

頂禮這聲及以呸聲　彼方惑輪盡摧滅母

།གཡས་བསྐུམ་གཡོན་བརྐྱང་ཞབས་ཀྱིས་མནན་ཏེ། །མེ་འབར་འཁྲུག་པ་ཤིན་ཏུ་འབར་མ།

耶滾暈江俠幾嫩待　美巴促巴杳篤把瑪

右踡左伸以足壓伏　烈焰交錯最熾燃母

（八）

ཕྱག་འཚལ་ཏུ་རེ་འཇིགས་པ་ཆེན་པོས། །བདུད་ཀྱི་དཔའ་བོ་རྣམ་པར་འཇོམས་མ།

恰岔都列幾巴千部　堆幾巴窩那巴炯瑪

頂禮都列最極怖畏　魔中勇士盡摧滅母

།ཆུ་སྐྱེས་ཞལ་ནི་ཁྲོ་གཉེར་ལྡན་མཛད། །དགྲ་བོ་ཐམས་ཅད་མ་ལུས་གསོད་མ།

秋介俠尼措聶典這　眨窩湯介瑪呂素瑪

水生聖容具有怒容　無餘敵眾盡殺之母

（九）

ཕྱག་འཚལ་དཀོན་མཆོག་གསུམ་མཚོན་ཕྱག་རྒྱའི། །སོར་མོས་ཐུགས་ཀར་རྣམ་པར་བརྒྱན་མ།

恰岔棍秋孫吋恰皆　梭摩兔嘎那巴結瑪

頂禮象徵三寶嚴印　手指當心最嚴飾母

།མ་ལུས་ཕྱོགས་ཀྱི་འཁོར་ལོ་བརྒྱན་པའི། །རང་གི་འོད་ཀྱིས་ཚོགས་རྣམས་འཁྲུག་མ།

瑪呂秋幾闊洛檢貝　朗其偉幾措浪促瑪

無餘諸方轉輪嚴飾　己身光芒匯聚之母

（十）

ཕྱག་འཚལ་རབ་ཏུ་དགའ་བ་བརྗིད་པའི། །དབུ་རྒྱན་འོད་ཀྱི་འཕྲེང་བ་སྤེལ་མ།

恰岔辣篤尬瓦吉貝　屋間偉幾千瓦貝瑪

頂禮最極喜悅威嚴　寶冠光鬘重環之母

།བཞད་པ་རབ་བཞད་ཏུཏྟཱ་ར་ཡིས། །བདུད་དང་འཇིག་རྟེན་དབང་དུ་མཛད་མ།

寫巴喇寫都迭拉宜　堆檔幾滇汪篤賊瑪

微笑大笑都達拉聲　魔與世間予懷攝母

（十一）

ཕྱག་འཚལ་ས་གཞི་སྐྱོང་བའི་ཚོགས་རྣམས། །ཐམས་ཅད་འགུགས་པར་ནུས་པ་ཉིད་མ།

恰岔薩希炯威措囊　湯介古巴努巴尼瑪

頂禮守護大地聚眾　一切勾召具威力母

ཁྲོ་གཉེར་གཡོ་བའི་ཡི་གེ་ཧཱུྃ་གིས། །ཕོངས་པ་ཐམས་ཅད་རྣམ་པར་སྒྲོལ་མ།

措聶右偉乙給吽給　碰巴湯介那巴卓瑪

怒容撼動以吽文字　一切貧困盡救度母

（十二）

ཕྱག་འཚལ་ཟླ་བ་དུམ་བུའི་དབུ་རྒྱན། བརྒྱན་པ་ཐམས་ཅད་ཤིན་ཏུ་འབར་མ།

恰岔打瓦董不屋間　檢巴湯介杏篤把瑪

頂禮明月碎片頂飾　一切嚴飾最燦爛母

།རལ་པའི་ཁྲོད་ནས་འོད་དཔག་མེད་ལས། །རྟག་པར་ཤིན་ཏུ་འོད་རབ་མཛད་མ།

喇杯翠餒偉巴昧磊　大巴杏篤偉辣賊瑪

由髮髻中阿彌陀佛　恆常最極光明照母

（十三）

ཕྱག་འཚལ་བསྐལ་པ་མཐའ་མའི་མེ་ལྟར། །འབར་བའི་ཕྲེང་བའི་དབུས་ན་གནས་མ།

恰岔噶巴踏妹美大　把威稱威物那聶瑪

頂禮如同劫末之火　烈焰光鬘中安居母

།གཡས་བརྐྱངས་གཡོན་བསྐུམ་ཀུན་ནས་བསྐོར་དགའི། །དགྲ་ཡི་དཔུང་ནི་རྣམ་པར་འཇོམས་མ།

耶江暈滾棍餒夠給　貶宜奔尼那巴炯瑪

右伸左踡遍轉喜之　仇敵軍隊悉摧滅母

（十四）

ཕྱག་འཚལ་ས་གཞིའི་ངོས་ལ་ཕྱག་གིས། །མཐིལ་གྱིས་བསྣུན་ཅིང་ཞབས་ཀྱིས་བརྡུངས་མ།

恰岔薩希恩喇恰給　替幾嫩錦俠幾董瑪

頂禮手於大地之上　掌心按壓足踢之母

།ཁྲོ་གཉེར་ཅན་མཛད་ཡི་གེ་ཧཱུྃ་གིས། །རིམ་པ་བདུན་པོ་རྣམས་ནི་འགེམས་མ།

措聶間這乙給吽給　林巴敦波囊尼耿瑪

具有怒容以吽文字　七重等眾粉碎之母

（十五）

ཕྱག་འཚལ་བདེ་མ་དགེ་མ་ཞི་མ། །མྱ་ངན་འདས་ཞི་སྤྱོད་ཡུལ་ཉིད་མ།

恰岔蝶瑪給瑪喜瑪　娘恩蝶昔就悠尼瑪

頂禮樂母善母寂母　涅槃寂靜行境之母

།སྭཱ་ཧཱ་ཨོཾ་དང་ཡང་དག་ལྡན་པས། །སྡིག་པ་ཆེན་པོ་འཇོམས་པ་ཉིད་མ།

娑哈唵檔仰達典貝　底巴千波炯巴尼瑪

具有純淨娑哈與唵　重大罪業能摧滅母

（十六）

ཕྱག་འཚལ་ཀུན་ནས་བསྐོར་རབ་དགའ་བའི། །དགྲ་ཡི་ལུས་ནི་རབ་ཏུ་འགེམས་མ།

恰岔棍餒夠辣尬偉　眨乙呂尼辣篤耿瑪

頂禮普遍旋繞最喜　敵之身體盡粉碎母

།ཡི་གེ་བཅུ་པའི་སྔགས་ནི་བཀོད་པའི། །རིག་པ་ཧཱུྃ་ལས་སྒྲོལ་མ་ཉིད་མ།

乙給久杯阿尼桂貝　惹巴吽雷卓瑪尼瑪

十文字之咒語羅佈　明咒吽字救度之母

（十七）

ཕྱག་འཚལ་ཏུ་རེའི་ཞབས་ནི་བརྡབས་པས། །ཧཱུྃ་གི་རྣམ་པའི་ས་བོན་ཉིད་མ།

恰岔都列俠尼大貝　吽給囊貝薩奔尼瑪

頂禮都列以足踩踏　吽字形象種字之母

།རི་རབ་མནྡ་ར་དང་འབིགས་བྱེད། །འཇིག་རྟེན་གསུམ་རྣམས་གཡོ་བ་ཉིད་མ།

熱辣曼達拉檔比杰　幾滇孫囊右瓦尼瑪

山王曼達拉與能透　令三世間能撼動母

（十八）

ཕྱག་འཚལ་ལྷ་ཡི་མཚོ་ཡི་རྣམ་པའི། །རི་དྭགས་རྟགས་ཅན་ཕྱག་ན་བསྣམས་མ།

恰岔辣宜措宜囊北　熱達大間恰那囊瑪

頂禮天界大湖形象 野獸圖像手中握母

།ཏཱ་ར་གཉིས་བརྗོད་ཕཊ་ཀྱི་ཡི་གེས། །དུག་རྣམས་མ་ལུས་པར་ནི་སེལ་མ།

大拉匿就呸幾乙給　毒囊瑪呂巴尼謝瑪

誦二達拉以呸文字　無餘諸毒盡消除母

（十九）

ཕྱག་འཚལ་ལྷ་ཡི་ཚོགས་ཀྱི་རྒྱལ་པོ། །ལྷ་དང་མིའམ་ཅི་ཡིས་བསྟེན་མ།

恰岔辣宜措幾賈波　辣檔迷昂計宜滇瑪

頂禮天神聚眾之王　神緊那羅所依止母

།ཀུན་ནས་གོ་ཆ་དགའ་བ་བརྗིད་ཀྱིས། །རྩོད་དང་རྨི་ལམ་ངན་པ་སེལ་མ།

棍餒果恰尬瓦吉幾　最檔覓浪恩巴謝瑪

普皆鎧甲喜悅威嚴　諍鬥惡夢能消除母

（二十）

ཕྱག་འཚལ་ཉི་མ་ཟླ་བ་རྒྱས་པའི། །སྤྱན་གཉིས་པོ་ལ་འོད་རབ་གསལ་མ།

恰岔尼瑪打瓦杰杯　間匿波喇偉辣薩瑪

頂禮旭日明月廣大　雙目之中大光明母

།ཧ་ར་གཉིས་བརྗོད་ཏུཏྟ་ར་ཡིས། །ཤིན་ཏུ་དྲག་པོའི་རིམས་ནད་སེལ་མ།

哈喇匿最都達拉宜　杏篤眨波領矗謝瑪

誦二哈拉以都達拉　最猛瘟疫消除之母

（二十一）

ཕྱག་འཚལ་དེ་ཉིད་གསུམ་རྣམས་བཀོད་པས། །ཞི་བའི་མཐུ་དང་ཡང་དག་ལྡན་མ།

恰岔迭匿孫囊桂北　喜威兔檔仰達典瑪

頂禮三種眞實莊嚴　止息威勢純眞具母

།གདོན་དང་རོ་ལངས་གནོད་སྦྱིན་ཚོགས་རྣམས། །འཇོམས་པ་ཏུ་རེ་རབ་མཆོག་ཉིད་མ།

敦檔若朗怒津措囊　炯巴都列喇秋尼瑪

邪祟起屍夜叉聚眾　摧滅都列最殊勝母

།རྩ་བའི་སྔགས་ཀྱི་བསྟོད་པ་འདི་དང་། །ཕྱག་འཚལ་བ་ནི་ཉི་ཤུ་རྩ་གཅིག

炸威阿幾對巴笛檔　恰企瓦尼你修乍計

以根本咒進行讚歎　以及頂禮二十有一

ཕན་ཡོན་ནི། 利益功德者

།ལྷ་མོ་ལ་གུས་ཡང་དག་ལྡན་པ། །བློ་ལྡན་གང་གིས་རབ་དད་བརྗོད་དེ།

辣摩喇軌仰達典巴　洛滇感給拉檔嘴迭

於此度母具眞恭敬　某聰慧者最清澈誦

།སྲོད་དང་ཐོ་རངས་ལངས་པར་བྱས་ནས། །དྲན་པས་མི་འཇིགས་ཐམས་ཅད་རབ་སྦྱིན།

睡檔拓朗朗巴杰餒　檢杯米吉湯介喇迭

黃昏破曉起身之後　念故無畏盡賜一切

།སྡིག་པ་ཐམས་ཅད་རབ་ཏུ་ཞི་བྱེད། །ངན་འགྲོ་ཐམས་ཅད་འཇོམས་པ་ཉིད་དོ།

底巴湯介喇篤喜杰　恩卓湯介炯巴匿朵

一切罪惡令最止息　一切惡趣予摧滅矣

།རྒྱལ་བ་བྱེ་བ་ཕྲག་བདུན་རྣམས་ཀྱིས། །མྱུར་དུ་དབང་ནི་བསྐུར་བར་འགྱུར་ལ།

賈瓦姐瓦岔敦囊幾　扭篤汪尼固瓦菊喇

勝者千萬七數等眾　迅速即予進行灌頂

།འདི་ལས་ཆེ་བ་ཉིད་ནི་ཐོབ་ཅིང་། །སངས་རྒྱས་གོ་འཕང་མཐར་ཐུག་དེར་འགྲོ།

底磊切瓦匿尼拓錦　桑皆果胖踏兔迭卓

於此特重即能獲得　佛陀果位達於究竟

།དེ་ཡི་དུག་ནི་དྲག་པོ་ཆེན་པོ། །བརྟན་གནས་པའམ་གཞན་ཡང་འགྲོ་བ།

迭乙篤尼貶波千波　滇聶巴昂咸仰走瓦

彼之毒者極爲猛烈　住於安靜或往他處

།ཟོས་པ་དང་ནི་འཐུང་བ་ཉིད་ཀྱང་། །དྲན་པས་རབ་ཏུ་སེལ་བ་ཉིད་ཐོབ།

水巴檔尼通瓦匿講　檢杯辣篤謝瓦匿拓

雖或食用以及飲之　念故即能最爲消除

།གདོན་དང་རིམས་དང་དུག་གིས་གཟིར་བའི། །སྡུག་བསྔལ་ཚོགས་ནི་རྣམ་པར་སྤངས་པ།

敦檔林檔讀給寫偉　篤阿措尼浪巴謗瓦

邪祟瘟疫毒所逼迫　痛苦聚集完全斷除

།སེམས་ཅན་གཞན་པ་རྣམས་ལ་ཡང་ངོ་།

森間咸巴囊喇仰偶

於他有情彼衆亦矣

།གཉིས་གསུམ་བདུན་དུ་མངོན་པར་བརྗོད་ན། །བུ་འདོད་པ་ནི་བུ་ཐོབ་འགྱུར་ཞིང་།

匿孫敦篤恩巴就那　不堆巴尼不拓菊醒

二三七次若現唸誦　欲求子者當能得子

།ནོར་འདོད་པས་ནི་ནོར་རྣམས་ཉིད་ཐོབ། །འདོད་པ་ཐམས་ཅད་ཐོབ་པར་འགྱུར་ཞིང་།

諾堆貝尼諾浪匿拓　堆巴湯介拓巴菊醒

欲求財者即得衆財　一切欲求當能獲得

།བགེགས་རྣམས་མེད་ཅིང་སོ་སོར་འཇོམས་གྱུར་ཅིག།

給浪梅僅梭梭炯糾計

無諸障礙願各各摧滅

善知識系列　JB0067

最勇敢的女性菩薩：綠度母

作　　者／堪布慈囊仁波切
譯　　者／張福成
編　　輯／游璧如
業　　務／顏宏紋

總 編 輯／張嘉芳
出　　版／橡樹林文化
城邦文化事業股份有限公司
台北市民生東路二段141號5樓
電話：(02)25007696　傳眞：(02)25001951
協 力 出 版／中華民國藏傳顯密菩提三乘林佛學會．張志忠
台北市中山北路二段72巷6號4樓
電話：(02)25212359
傳眞：(02)25213769
發　　行／英屬蓋曼群島家庭傳媒股份有限公司城邦分公司
台北市民生東路二段141號2樓
客服服務專線：(02)25007718；(02)25001991
24小時傳眞專線：(02)25001990；(02)25001991
服務時間：週一至週五上午09:30～12:00；下午1:30～17:00
劃撥帳號：19863813；戶名：書虫股份有限公司
讀者服務信箱：service@readingclub.com.tw
城邦讀書花園網址：www.cite.com.tw
香港發行所／城邦（香港）出版集團有限公司
香港灣仔駱克道193號東超商業中心1樓
電話：(852)25086231　傳眞：(852)25789337
E-mail：hkcite@biznetvigator.com
馬新發行所／城邦（馬新）出版集團【Cité (M) Sdn.Bhd. (458372 U)】
41, Jalan Radin Anum, Bandar Baru Sri Petaling,
57000 Kuala Lumpur, Malaysia.
電話：(603) 90578822　傳眞：(603) 90576622
Email：cite@cite.com.my

版面構成／歐陽碧智
封面設計／Tommy
印　　刷／中原造像股份有限公司

初版一刷／2010年9月
初版六刷／2020年9月
ISBN／978-986-120-294-5
定價／350元

國家圖書館出版品預行編目資料

最勇敢的女性菩薩：綠度母 / 堪布慈囊仁波切著. 張福成譯. -- 初版.—臺北市：橡樹林文化, 城邦文化出版：家庭傳媒城邦分公司發行, 2010. 09
面；　公分. --（善知識系列；JB0067）
ISBN 978-986-120-294-5（平裝）

1.藏傳佛教　2.佛教修持　3.菩薩

226.965　　　99016432